中国语言文学"一流学科"建设项目成果

西北大学"繁荣发展计划"学术著作出版资助项目

媒介之美

——媒介生态学的美学研究

THE BEAUTY OF MEDIA:
An Aesthetic Study of Media Ecology

陈　海　周艳艳◎著

人 民 出 版 社

责任编辑:洪　琼

图书在版编目(CIP)数据

媒介之美:媒介生态学的美学研究/陈海,周艳艳 著. —北京:人民出版社,
　2024.4
ISBN 978－7－01－024821－9

Ⅰ.①媒…　Ⅱ.①陈…②周…　Ⅲ.①传播媒介-生态学-美学-研究
　Ⅳ.①G206.2-05

中国版本图书馆 CIP 数据核字(2022)第 102540 号

媒介之美

MEIJIE ZHI MEI
——媒介生态学的美学研究

陈　海　周艳艳　著

人民出版社 出版发行
(100706　北京市东城区隆福寺街 99 号)

北京中科印刷有限公司印刷　新华书店经销

2024 年 4 月第 1 版　2024 年 4 月北京第 1 次印刷
开本:710 毫米×1000 毫米 1/16　印张:11
字数:180 千字

ISBN 978－7－01－024821－9　定价:59.00 元

邮购地址 100706　北京市东城区隆福寺街 99 号
人民东方图书销售中心　电话 (010)65250042　65289539

序　言

　　媒介和媒介问题古已有之。借数字技术的东风,数字媒介在当代愈发凸显为横跨政治、经济和文化诸领域的重大问题,也成为诸多学科的新议题。北美媒介生态学派是全球媒介理论的重要来源。自20世纪90年代开始大规模译入中国后,北美媒介生态学派诸多核心人物的媒介思想获得了各领域学者的关注,学术影响不断扩大。

　　陈海博士的新书出版在即,请我作序。作为他曾经的导师,义不容辞,也非常乐于推荐。陈海博士是我担任陕西师范大学"曲江学者"期间负责指导的博士研究生。他文学科班出身,又攻读了美学硕士,读博时的研究方向是当代媒介文论和文化,入职大学后继续在此方向上努力,发表了多篇高质量论文。可以说,陈海博士对媒介与文学以及艺术的关系问题有着长期的研究,已经成长为媒介美学领域的骨干学者。

　　在2012—2014年间,我曾组织过两次媒介理论国际研讨会。陈海博士积极参与并提交了从美学角度研究媒介问题的高水平论文。在之后的博士论文选题,他也顺理成章地选择了系统讨论北美媒介生态学派美学思想这一较有难度的新问题。经过两年多的认真阅读、撰写和讨论后,论文最终顺利完成。作为国内最早对北美媒介生态学派的美学问题进行系统研究的博士论文,获得了外审专家和答辩评委的一致好评。

　　本书是在陈海博士毕业论文的基础上修改和增补完成的,自然也吸取了国内外最新研究成果。在媒介美学领域,本书具有不可取代的开拓性价值。我认为,其独创性有三点:第一,深入剖析了媒介、技术和审美之间的内在关联;第二,使用原媒介、感知媒介和跨媒介视野考察北美媒介生态学核心人物的媒介思想;第三,对很多媒介热词如"偏向""媒介即信息""冷媒介""热媒介""地球村"

"娱乐至死"等进行了独特的美学阐释。这些开拓性的工作为国内媒介美学研究提供了理论基础、研究范式和生动的案例。

谨以拙序祝贺陈海博士新书出版,更希望本书能够在推动中国媒介美学之学术研究和学科形成等方面发挥积极作用。

金惠敏

2024 年 3 月 19 日于北京西三旗

目　录

前　　言

　　当媒介和技术深入人的生存之基,美学思考必须与媒介和技术问题相遇。同样,当代传播学研究不仅需要关注新的传播现象,更需要对人的生存进行深刻洞察,因此需要获得哲学和美学的支持。本书选择媒介生态学这一传播学流派进行研究,不仅因为它深入讨论了媒介和技术问题,更因为它包含着丰富的美学思想。因此对媒介生态学进行美学审视就成为传播学和美学发展的共同需要。就传播学而言,从美学角度阐释媒介生态学理论可以丰富传播学的美学内涵,增加传播学的理论深度。就美学而言,对媒介生态学进行美学阐释可以为美学思考提供新的理论资源,开拓美学研究新气象。

　　本书通过对媒介生态学媒介理论的梳理,将媒介生态学的美学研究分为原媒介审美取向、感知媒介审美取向和跨媒介审美取向三个向度。全书由绪论、正文四章和结语构成:绪论明确了进行媒介生态学美学研究的价值,并提出了本书的研究思路和框架。第一章对媒介生态学美学进行总体介绍,确定其研究对象、研究内容和研究目标等。第二章讨论原媒介审美取向和伊尼斯的媒介美学,具体分为四部分:首先对原媒介审美取向进行界定,进而梳理伊尼斯的媒介观点,提炼出伊尼斯媒介理论的核心内容;其次揭示伊尼斯提出的四大媒介阶段所具有的审美趣味;再次探讨伊尼斯所谓时空媒介的审美偏向;最后揭示了伊尼斯媒介美学的平衡主题。第三章讨论感知媒介审美取向和麦克卢汉的媒介美学,分为四个部分:首先对感知媒介审美取向的基本内涵进行界定,并对国内外麦克卢汉研究状况进行总结;其次讨论麦克卢汉“媒介即信息”的美学意味;再次讨论麦克卢汉“地球村”的四重内涵;最后讨论热媒介与冷媒介的美学内涵。第四章讨论跨媒介审美取向和波兹曼的媒介美学,首先我们对跨媒介美学进行界定,接着以波兹曼为例进行分析,内容又分为三部分:我们先对波兹曼在媒介生态学学派中的身份问题进行讨论,总述波兹曼媒介美学的特点;接着分析波兹曼对电视娱乐化的批判所包含的审美批评;最后讨论波兹曼的"童年消逝"带来的后现代技术问题。最后一部分是结语,分别对原媒介审美取向、感知媒介审美取向和跨媒介审美取向进行总结,并对它们的内在统一性进行了揭示。

本书的研究思路是,按照问题展开的逻辑,首先明确进行媒介生态学美学研究的必要性和研究框架,再具体展开对媒介生态学原媒介、感知媒介和跨媒介三条理论进路的美学研究,最后对整个媒介生态学美学问题作一总结。

本书的研究方法包括:首先,既注重理论探索又注重对理论的应用。一方面,通过概念梳理和逻辑演绎对媒介理论进行美学讨论;另一方面,在讨论中时刻与当下媒介问题相结合。其次,将归纳法与比较法相结合。一方面,对所选定的媒介理论家采取归纳法进行研究,注重对其进行整体性探讨;另一方面,展开对原媒介、感知媒介和跨媒介美学的比较研究,在比较中明晰各自的特征。最后,对选定文本采用哲学、美学、文学、心理学、传播学、文化学等多学科视野进行阐释。

本书的主要结论:其一,原媒介审美取向揭示了媒介自身的审美价值。这体现在对伊尼斯四个传播阶段的审美趣味、媒介的审美偏向和媒介平衡的美学讨论中。其二,感知媒介审美取向揭示了媒介通过对人的感知产生影响而导致的审美后果。这体现在对麦克卢汉"媒介即信息""地球村"和冷热媒介的美学讨论中。其三,跨媒介审美取向揭示了媒介在与其他文化要素之间的关联中表现的审美价值。这体现在对波兹曼的媒介、认识、隐喻和审美之间关系、电视文化的批判和后现代技术问题的美学讨论中。其四,原媒介、感知媒介和跨媒介美学具有内在的整体性。在传播学中,我们基于他们对媒介和技术的重视而获得媒介生态学学派的整体特征。在美学中同样可以发现,无论是原媒介、感知媒介还是跨媒介的美学关照都具有共同的理论基础,即关注媒介(技术)、人(文化)的审美问题。具体来说,原媒介审美取向侧重讨论媒介(技术)的审美问题;感知媒介审美取向侧重讨论媒介(技术)在人(文化)层面所发生的审美问题;跨媒介审美取向则侧重讨论文化(人)面对媒介(技术)产生的审美问题。它们呈现出明显的理论整体性。

总之,与经验学派和批判学派的审美取向不同,媒介生态学牢牢抓住了媒介(技术)和人(文化)与审美活动的内在相关性,呈现出浓郁的审美趣味。这也是我们对媒介生态学进行美学研究的独特价值。

绪　　论

第一节　研究的缘起

一、当代美学需要媒介生态学资源

当代中国美学研究百家争鸣,各有所长。总体来看,当代美学研究最为显著的特征有两个,第一是跨学科研究成为趋势,第二是"技术"(尤其是数字技术)正逐渐成为美学思考乃至人文思考的关键问题。

有学者对新中国成立以来的美学学术史进行了系统的总结与反思,重点回顾了美的本质观与美学本体论研究、美学原理研究、西方美学史研究、中国美学史研究的现状。本书还讨论了"应用美学""审美心理学""文艺美学""门类美学""艺术哲学""审美文化"和"审美教育"等研究专题,对当前美学研究中的热点问题艺术终结、生态问题、环境、日常生活和审美现代性等都做了详尽的考察①。这些问题固然十分重要。然而我认为,把握当代美学发展最为关键的是应从"美本身"的研究入手。在《当代中国美学研究(1949—2009)》中,作者将"美本身"区分为"美的本质观"与"美学本体论"两个层面。其中美的本质问题又分为20世纪50年代的"主观—客观"之辩,60年代的"自然性—社会性"之辩,80年代的"实践论—生命化"之辩,90年代的"本质主义—反本质主义"之辩四个阶段。而在美学本体论层面,则经历了三次转向,80年代的"实践论"转向,90年代的"生存论"转向以及到了21世纪出现的"生活论"的转向。这一概括揭示了当代美学研究从逻辑抽象向具体丰富的转化过程,符合当前研究的总体发展

---

① 刘悦笛、李修建:《当代中国美学研究(1949—2009)》,北京:中国社会科学出版社,2011年。

趋向。但他们的问题在于没有充分强调当代美学的跨学科趋势和技术在今日美学思考中日益重要的地位。下面我们简单谈谈当代美学研究的这两大特征。

（一）当代美学研究的跨学科趋势

20世纪以来，各学科的发展显现十分明显的跨学科态势。一方面，各个学科内部不断地进行学科细分；另一方面，各个学科之间又不断交叉，产生了为数众多颇具生命力的交叉学科。不仅是在人文科学、社会科学和自然科学内部，而且人文—社会科学和自然科学之间的交叉融合研究已经成为学科推进的必由之路①。跨学科不仅能带来研究视野的扩展，更能带来研究的新方法②。当代美学发展同样经历了从重哲学到多学科共同参与的发展历程。这一转变历程的开端可以上溯到19世纪末，以费希纳倡导"自下而上"的美学为开端。从方法上看，美学研究从传统的哲学思辨中解放，转向经验和实证研究。从内容上看，美学研究从对美本质的哲学探讨和醉心于美学体系的构建转向对各门艺术、自然与环境和日常生活等问题的关注。刘悦笛和李修建发现，"当代国际美学前沿问题，主要集聚在'艺术哲学'、'自然美学与环境美学'和'生活美学'这三个主要方向上"③。从手段上看，20世纪美学研究不断借鉴其他学科的研究方法。而且美学研究不仅大量吸收新的哲学和其他人文—社会科学（如各艺术、文化学、心理学、生态学、环境学等）的方法，而且吸收了自然科学的一些前沿概念，如"场"和"系统"等。实质上是将自然科学的研究方法和研究思路应用到美学研究活动中。正因为采用了这些新方法对美学问题加以关照，才直接促成文艺美学、各艺术美学、审美文化学、心理学美学、生态美学和环境美学等美学流派的蓬勃发展。美学与传播学的结合就是当代美学跨学科研究的重要一维。

（二）当代美学研究中的媒介和技术问题

1. 媒介和技术成为当代人文思考不可回避的问题

首先，数字技术为何成为问题？技术虽然表现为达到目的的手段和工具，但其实质却不在人之外，而是构成人本质的要素。因此，技术虽然是人的创造，但

---

① 金吾伦：《关于跨学科研究的哲学思考》，《哲学动态》1992年第9期。

② 金吾伦、王维：《关于人文—社会科学与自然科学相统合的问题》，《理论视野》2001年第5期。

③ 刘悦笛、李修建：《中国当代美学研究（1949—2009）》，北京：中国社会科学出版社，2011年第514页。

另一方面我们也可以说,正是技术使人成为人。法国哲学家贝尔纳·斯蒂格勒(Bernard Stiegler)的《技术与时间》充分揭示了人与技术的这种关系①。技术的发展就是人的发展,技术一直参与到包括审美在内的人类实践活动中,它一直生成人。既然技术一直都在,为何今天的数字技术成为当代人文思考的核心问题?原因有二。第一,当代数字技术及其产品成为当代生产和生活的必需。按照马克思"人化自然"理论,由此对人的生产和生活状态的塑造远远超过以往任何时代的技术。第二,数字技术带来了当代社会政治经济尤其是文化领域的新问题。我们知道,只有当某物发生了问题,它才能进入我们的考察视野,成为一个"问题"。这个问题就是数字技术带来的人的新异化。说是"新异化",是与马克思的"异化"相对而言。马克思的异化是从对工业化生产条件下人的生产的分析而来,"新异化"指的就是当代数字生产给人带来的异化。

其次,人文知识分子对数字技术进行思考是职责所在。虽然技术的发明创造是自然科学的工作,但对这个问题的讨论却是人文科学义不容辞的责任。从现代之初,就有知识分子对技术如此之快地改变了人的生存表示过忧虑。然而,就如同资本主义生产方式必然依赖资本一样,已经嵌入资本主义生产要求中的技术,也必然以远超以往的速度不断更新。一切的秘密就在于"速度"。技术的速度超过人的适应速度。托夫勒在《第三次浪潮》中就对技术与社会变化进行了精彩的讨论。当代人文(为什么是人文,参见吴国盛的《科学与人文》②《让科学回归人文》③等论文。不再赘述)知识分子对技术及其后果进行了多方思考。比如在哲学层面,我们将思考技术能否满足人的真正需要,解决人的终极问题;在政治层面,思考技术对国家、民族和种族的影响;在经济层面,思考技术带来的新的经济问题,比如微信营销对传统销售方式的冲击;在伦理学层面,我们思考技术与幸福的关系;在宗教层面,我们思考技术对信仰的挑战;在社会学层面,我们思考技术带来的社会问题;在历史层面,我们思考技术史的问题;在文化层面,我们思考技术如何改变文化和文明形态;等等。如果要对"技术"问题进行全面而深入的考察,需要哲学、政治学、社会学、经济学、伦理学、未来学、历史学和大量自然科学知识。本书的兴趣在于思考技术所带来的审美问题。

---

① 吴国盛:《技术与人文》,《北京社会科学》2001 年第 2 期。
② 吴国盛:《科学与人文》,《中国社会科学》2001 年第 4 期。
③ 吴国盛:《让科学回归人文》,《博览群书》2003 年第 11 期。

2. 媒介和技术成为美学思考不可回避的问题

国内基于马克思《手稿》实践观的实践美学认为,人类的审美活动是从人类的劳动实践中产生并不断展开的。人类实践活动包括自然领域的实践、社会领域的实践和艺术领域的实践,故国内美学界一般将审美活动分为自然美、社会美和艺术美三大领域。与国内不同,当代西方美学界则围绕着自然、日常生活和艺术进行思考。此两者的区别在于西方美学强调个人的"日常生活",而非强调整体性的"社会"。相同之处是都指向人类或人类的一种"非艺术活动"。"日常生活"还是可以归入到"社会"概念之内,故而我们还是可以将审美活动归于自然、社会和艺术三大领域。马克思将人理解为制造并使用工具的生命,工具又正是技术的产物。那么,作为贯穿人类发展史的技术恰恰就是人的必然维度,是"人的本质力量"的表现。它伴随着人类实践活动而不断丰富、不断展开。当然也具体延伸到人类实践的自然、社会和艺术领域。这样,技术与审美在人类实践的这三大领域相遇了。尤其是具有强大力量的当代技术更为明显。我们下面从自然、社会和艺术领域来看看当代技术与审美的"相遇"。

首先考察自然领域。"自然"有自然界与自然状态两大含义。如果将自然理解为"自然界",我们看到当代技术已经超越了对自然的"模仿",而达到对自然的"再造"。这一再造既包括再造一个真正的自然界(比如复活已经灭绝的生命)也包括再造一个虚拟的自然界(比如电子技术再造一个虚拟场景)。如果将自然理解为"自然状态",我们会发现技术正在颠覆达尔文的进化论,正以远远超过人类自然进化的速度飞速改变人类进化了数百万年的身体。就个人而言,我们发现电子技术正在改变我们的自然生命进程,参与到我们从生到死的全过程。最为典型的是基因工程。从试管婴儿到器官移植,自然生成的生命遭遇到技术的全面接管。基因技术可以预测新生儿的基因缺陷加以人为干预,克隆技术可以克隆人体器官进行移植,甚至技术产物可以与人类身体结合,使人变为哈拉维(Donna J.Haraway)所说的"Cyborgs"(赛博格),成为与自然人不同的新人类①。问题的关键在于,作为身心一体的生命,人类对自己身体的技术处置必然影响人精神,引发新的精神问题。一旦技术开始对"自然"有了如此改变,作为一直对自然进行关注的重要理论资源,美学势必应该对此加以关注和讨论。

---

① Donna J.Haraway,*Simians*,*Cyborgs*,*and Women*:*The Reinvention of Nature*,Routledge,1991.

其次,社会领域(包括日常生活)在当代数字技术的冲击下也发生了显著的变化。新的交通技术改变了空间,新的交流技术改变了时间,新的制造技术带给我们新的产品。这些结合在一起,我们不难发现,新的传媒和技术不仅使个体的日常生活完全技术化,而且对政治活动、经济活动及军事活动影响巨大。如网络意见左右政治局势、网络极端组织的出现、互联网经济的崛起、军事冲突数字化等。这样的巨变导致了新的美学问题。比如如何评价人造美女?如何看待数字技术与人的关系?如何理解技术社会的审美风格,进而设计符合大众审美趣味的电子产品?这些都是当代数字技术时代亟待解决的审美问题。

最后,我们发现,"技艺"作为"艺术"的来源包含着明显的技术内容。当今天的电子技术发生了远超古典技术的飞跃式发展,将会产生两个后果。其一,传统艺术(建筑、音乐、舞蹈、绘画和文学)会发生新变化,比如文学的网络化传播,绘画、音乐大量采用电脑特效等。其二,如同摄影术催生摄影艺术、摄像技术催生电影一样,技术和媒介的新变化将会催生出新的艺术形式。所以数字技术也必将成为新艺术美的核心维度。

从以上讨论可知,当代数字技术正在极大地改变当代自然、社会和艺术状况,引发审美领域的新变化。我们可以从技术对自然、日常生活和艺术的影响入手,将其呈现为三大问题:技术如何影响自然,进而创造新自然美;技术如何影响社会(日常生活、环境),进而创造新社会(生活、环境)美;技术如何影响当代人的精神,进而创造新艺术形式。如果全面而充分地回答这三大问题,需要涉及哲学、社会学、人类学、心理学、艺术等学科,进行广泛的跨学科的讨论。

总之,从美学角度来看,当代美学研究一方面要注重跨学科方法,另一方面要重视技术问题。这样,传播学中的北美媒介生态学流派就进入了我们的视野。

(三)媒介生态学的研究内容

1. 媒介生态学研究的两大主题:媒介和技术

媒介生态学①(Media Ecology)是 20 世纪后半叶在北美兴起的传播学三大

---

① 译法有争议。有将 Media Ecology 翻译为"媒介环境学"而非字面上更确切的"媒介生态学",有两个原因。其一,从学理上讲,媒介环境学学科形态的奠基人波兹曼对 Media Ecology 的定义是"将媒介作为环境的研究","环境"始终是 Media Ecology 的关键词,而"生态"的概念却并不是他们讨论的重点。其二,据何道宽先生说,这一译名是他与美籍华裔学者林文刚反复商议后的选择。林文刚是媒介环境学学会的副会长。又有将 Media Ecology 翻译为"媒介生态学"是字面意义。与国内邵培仁等研究的"媒介生态学"虽同名但内容不同。本书采用"媒介生态学"译法。

流派之一。它奠基于以伊尼斯和麦克卢汉为代表人物的多伦多学派。1970年，尼尔·波兹曼在纽约大学创建了媒介生态学博士点。1998年，以纽约学派为中心创建了"媒介生态学学会"。媒介生态学学会副主席林文刚坦言，"媒介生态学"这个概念在创立三十余年后仍然默默无闻，"这个研究领域仍然处在传播学研究的边缘地带"①。传播学研究的传统一般被认为是两派之争，即管理（或经验）学派和批判学派，前者主要关注媒介的内容和效果，后者主要关注媒介的控制和所有权。按照国内媒介生态学研究先驱何道宽教授的看法，媒介环境学试图"三分天下"，"成为继经验学派和批判学派之后的第三大学派"②。从媒介生态学公认的几位代表人物的理论来看，他们都深入分析了"媒介"和"技术"问题。比如伊尼斯讨论了媒介偏向问题、麦克卢汉提出了"媒介即信息"、波兹曼分析了书籍与电视媒介的文化差异等。胡翌霖博士指出，媒介传播学虽然表面上围绕"媒介"展开，但"媒介"只是其思考的表象，他们真正关注的是"媒介"背后生产媒介的"技术"以及"技术"背后的人类文化③。我十分赞同他的观点。以下参考胡翌霖博士的论述对此问题加以说明。

首先，从代表人物的专业出身来看。麦克卢汉作为多伦多大学的文学教授，后来的据点是"文化与技术研究所"，而波兹曼创立媒介环境学专业之前隶属教育学院，至于其他先驱或代表人物，伊尼斯的领域首先是经济史，芒福德是以城市史著称的通才作家，法学教授埃吕尔以社会理论家和神学家而知名，哈弗洛克是古典学家，翁以研究中世纪文学史起家，爱森斯坦起初是法国史专家……总之，除了在媒介生态学建制化之后被波兹曼等前辈培养出来的第三代代表人物（如梅洛维茨和莱文森等），媒介生态学领域的几乎所有著名人物，原本都不属于"传播学"的地盘，也从不以"传播学家"著称。

其次，从学派的官方定位来看。按照媒介生态学的"官方"定义，媒介生态学指的是"对媒介环境（media environments）的研究，其观点是技术和技艺、信息

---

① ［美］林文刚：《媒介环境学：思想沿革与多维视野》，何道宽译，北京：北大出版社，2007年，第3页。

② ［美］林文刚：《媒介环境学：思想沿革与多维视野》，何道宽译，北京：北大出版社，2007年，"中文版序"第2页。

③ 胡翌霖：《从技术哲学出发解读媒介环境学（博士论文开题计划）》，http://yilinhut.com/2012/02/16/3872.html，2012-2-16。

模式和传播编码在人类事务中扮演着主导角色"①。其一,我们注意到,除了"信息"和"传播",媒介生态学也关心一般的"技术和技艺"。以麦克卢汉为代表,媒介生态学家普遍持"泛媒介论"。"媒介"的范畴不仅包括报纸、电话、电视等,更包括语言、文字、道路、服饰、城市、时钟等。如果说人类的存在总是"寓于技术"的"共在",那么所有人类生存于其间的技术环境都可以算作"媒介"。波兹曼举例说:"在皮氏培养皿那里……所谓媒介的定义就是培养皿中的一种物质(substance),能够使培养的微生物生长的一种物质。如果你用技术(technology)这个词来取代这种物质,这个定义就能够成为媒介生态学的一个基本原理:媒介是文化能够在其中生长的技术。"②由此,媒介生态学的"媒介"概念远远超出一般传播学的范畴,甚至比狭隘的技术定义还要宽泛。其二,媒介生态学的基本命题是"媒介即环境"或"环境即媒介"。媒介是人类生活于其中,进行感知、理解和行动的背景。同时,人类之所以有可能感知、理解和行动,也是因为人们总是处在文化之中。因此,与其说媒介生态学关注的是媒介问题,不如说"人类事务"或"文化的生长"才是真正的关切。既然讨论到技术及其背后的文化,那么实际上已远超出传播学的范畴。

2. 媒介生态学研究的三个层面:自然、社会和艺术

据何道宽教授的介绍,"媒介环境学已经走完了三代人的生命历程。该学派萌芽于20世纪30年代,成长于20世纪50年代。第一代的代表人物有埃里克·哈弗洛克、哈罗德·伊尼斯和马歇尔·麦克卢汉,其中的伊尼斯和麦克卢汉已经在国内广为人知。20世纪70年代以后,第二代学者日趋活跃,代表人物有尼尔·波斯曼、沃尔特·翁,主帅是波斯曼。20世纪90年代以后,第三代代表人物成名,他们是保罗·莱文森、约书亚·梅罗维兹、兰斯·斯特雷特、林文刚、埃里克·麦克卢汉、德里克·德克霍夫,他们多半在90年代以后登场,目前活跃在世界各地"③。

---

① Lance Strate.*Understanding MEA*.In Medias Res 1(1), Fall 1999."It is the study of media environments, the idea that technology and techniques, modes of information and codes of communication play a leading role in human affairs".见媒介生态学官网:http://www.media-ecology.org/media_ecology/index.html.

② [美]林文刚:《媒介环境学:思想沿革与多维视野》,何道宽译,北京:北大出版社,2007年,第44页。

③ 何道宽:《媒介环境学派的理论命题、源流与阐释——媒介环境学评论之五》,http://china-mediaresearch.cn/article.php? id=5802,2008-07-30。

据林文刚介绍,除了这几位之外,还有一些学人可以称为媒介生态学的先驱人物。比如刘易斯·芒福德和雅克·埃吕尔。我们将这4组8位代表人物列表对比,发现他们的理论涉及自然、社会和艺术三大领域。如下所示:

人 物	选择著作	著作主题	讨论涉及问题
(先驱)刘易斯·芒福德	《技术与文明》	文明	技术与社会
(先驱)雅克·埃吕尔	《宣传》	宣传	技术与艺术
(第一代)哈罗德·伊尼斯	《帝国与传播》	政治经济	技术与社会
(第一代)马歇尔·麦克卢汉	《理解媒介》	感知	技术与艺术
(第二代)沃尔特·翁	《口语文化与书面文化》	历史	技术与社会
(第二代)尼尔·波兹曼	《娱乐至死》	人文关怀	技术与艺术
(第三代)约书亚·梅洛维茨	《消失的地域》	社会	技术与社会
(第三代)保罗·莱文森	《数字麦克卢汉》	进化	技术与自然

如上所示,媒介生态学各代代表人物关注的主题虽不相同,但都涉及媒介和技术问题。他们的思考既包括社会领域的文明、政治经济、历史领域的问题,又包括自然领域的进化问题,还包括艺术领域涉及的宣传、感知、人文关怀问题。前文已述,当代审美活动离不开对媒介和技术的关注,并且也将在自然、社会和艺术领域展开。故而媒介生态学的美学研究将对我们当代美学的发展起到促进作用。本书就将分析媒介生态学代表人物的媒介理论,研究其中所涉及的审美问题,希望可以为当代美学研究寻找新的思想资源。

总之,选择研究北美媒介生态学的美学问题,既顺应当前美学研究的跨学科及关注技术的研究趋势,又切合媒介生态学自身具有的理论品格,具有较高的研究价值。

二、媒介生态学需要美学提升自身

(一)媒介生态学研究的现状、问题和趋势

1. 媒介生态学研究现状

首先我们看看媒介生态学著作翻译情况。学界对媒介生态学原典的翻译主要是何道宽教授在进行。自20世纪90年代以来,何教授翻译了大量媒介生态

学理论原典,直接促进了国内媒介生态学的研究。其代表译作有翁的《口语文化与书面文化》、伊尼斯的《传播的偏向》和《帝国与传播》、麦克卢汉的《理解媒介》、莱文森的《新新媒介》等。另外,杨晨光翻译了麦克卢汉的《谷登堡星汉璀璨》,章艳翻译了波兹曼的《娱乐至死》,吴燕铤翻译了波兹曼的《童年的消逝》,肖志军翻译了梅罗维茨的《消逝的地域》等作品。

其次是媒介生态学的研究专著。目前以媒介生态学(有学者称之为"媒介环境学",目前学术界有争议)为研究对象的具代表性的专著有两部:一是深圳大学传播学院副教授李明伟的《知媒者生存——媒介环境学纵论》(北京大学出版社,2010 年),二是中山大学传播与设计系讲师王冰的《北美媒介环境学的理论想象》(光明日报出版社,2010 年)。这两本著作史论结合,对媒介生态学的起源、问题、得失都有探讨,学界评价很高。对国内媒介生态学研究影响最大的是林文刚教授主编的《媒介环境学:思想沿革与多维视野》(北京大学出版社,2007 年)一书。此书详细讨论了媒介生态学派的起源、发展和研究对象,并对 10 位媒介生态学代表人物进行了专题讨论,是研究媒介生态学派的重要资料。

再看看有关媒介生态学的研究论文。截至 2015 年 2 月 15 日,在中国知网上以"媒介生态学"为主题搜索得到论文 585 篇。从发表时间来看,近十年的研究成果数量呈明显递增趋势。我们选取其中有代表性的成果进行分析,发现它们从内容上可分为两大类。

第一类是对媒介生态学的理论探讨。此类研究又分为两种情况:一种是对媒介生态学整体的理论问题进行研究,以近年来的博士论文为例有《新媒介时代的媒介环境研究》(王晓东,东北大学,2008)、《媒介环境学派的思想坐标:基于技术/媒介为视角的范式》(刘婷,广西大学,2012)和《技术垄断下的媒介生产与传播》(周梦瑶,重庆大学,2011)等。这些理论研究还是在传播学的范围内进行。另一种是对媒介生态学代表人物的理论进行研究。目前出现专论人物的研究较少,主要是对麦克卢汉、波兹曼、莱文森等人的研究。按时间顺序有《保罗·莱文森媒介环境理论研究》(杨晓帆,河南大学,2007)、《数字时代的欢乐颂——保罗·莱文森媒介理论分析》(曾玉慧,厦门大学,2009)、《论麦克卢汉的媒介杂交理论》(王新鑫,华东师大,2011)和《尼尔·波斯曼媒介思想研究》(史庭飞,新疆大学,2012)等论文。

第二类是对媒介生态学理论的应用。这类研究的数量较第一类多。研究者的思路是将媒介生态学问题与文艺学、新闻传播、影视及教育等领域的问题相结合进行研究。值得注意的是,我们在 CNKI 所搜索到的 15 篇博士论文,其中部分不属于"媒介生态学"问题,仅涉及"媒介"问题。具体如下。

媒介生态学的文艺学应用:

比较重要的有《媒介环境学视阈下文学与媒介之关系研究》(陈晓洁,山东大学,2012),此论文是对媒介生态学理论的典范应用。作者"选择了一个比较新的角度和方法来探讨文学与媒介的关系,那就是借助一个新兴的传播学研究流派——媒介环境学来探讨文学传播活动与媒介形态特性所构建的媒介环境之间交叉逆反的互动过程和历史演变轨迹。这种新视角既是文学与媒介之关系研究的具体化尝试,也是一个相对比较新的跨学科研究课题。论文借鉴现象学方力求回到事物本身的存在方式,以及主体间性的研究模式追问文学与媒介之间互为存在主体的复杂关系,致力于为文学传播学研究贡献一些基础理论"[1]。此研究对我们讨论媒介生态学美学有所启发。

还有一些论文则是借助"媒介"来讨论问题。《传播媒介发展与文学文体演变研究》"主要从传播媒介的角度出发,探讨传播媒介的特性、结构以及媒介生产力的发展对文学文体以及其他相关审美艺术类型的影响"[2]。虽涉及了媒介问题,但不是从媒介生态学理论入手。《〈新月〉月刊研究——一种自由媒介与文化现象的综合透视》认为,"由新月同人创办的《新月》月刊,致力于追求充分的媒介自由,有自觉的社会责任感,以自由主义理念为基本原则和价值取向,是 20 世纪二三十年代自由媒介的典型代表。本文以此为切入点,以传播学理论为基本框架,采用文学研究和文化研究的双重视角,对《新月》月刊这一自由媒介进行了系统研究和综合考察"[3]。《从晚清至民初:媒介环境中的文学变革》"以媒介环境为背景,对晚清至民初的文学现象以及文学(侧重小说)变革进行梳理性研究。从媒介环境学视角考察现代文学特别是'新小说'的兴起、兴盛、发展和衍变的过程,即考察'新小说'的流变及其与媒介环境的关系。着重考察现代传媒在多大程度上影响了文学,又是如何影响的。研究的时间范围限定在

---

[1] 陈晓洁:《媒介环境学视阈下文学与媒介之关系研究》,山东大学学位论文,2012 年。
[2] 周利荣:《传播媒介发展与文学文体演变研究》,陕西师范大学学位论文,2012 年。
[3] 史习斌:《〈新月〉月刊研究》,华中师范大学学位论文,2010 年。

晚清最后十几年至民初（五四新文学革命之前），即 1895—1917 年间"①。《绘本书的传播功能研究》"以绘本书作为研究的载体，通过对绘本书的传播功能的研究，关注了在当代多媒介环境中图书对儿童的价值"②。《中国文学人类学基本问题研究》"遵循的思考路向是从现象梳理入手，辨析分歧，探寻原因，发现'同一性'，然后在理论阐释中提出文学人类学的理论整合及建构的问题"③。

媒介生态学的新闻传播研究应用：

此类研究比较重要的是《敞开与遮蔽——新媒介时代的隐私问题研究》一文。此文"以西方哲学对技术理性的批判为宏观背景，以媒介环境学理论为基本框架，旨在讨论新媒介技术的发展对个人隐私的影响，以及保护个人隐私的相关路径"④，对本书有参考价值。

还有一些新闻传播类论文也涉及媒介问题。比如《电子媒介人的崛起——社会的媒介化及人与媒介关系的嬗变》提出了"电子媒介人"这一概念，作者认为"网络的发展，使人类社会从传播学意义上进入了一个全新的阶段，即媒介化社会阶段。在媒介化社会里，人们的日常生活都无一例外地处在电子传媒覆盖之中，它所构筑的虚拟现实无时不在影响着人的行为方式和思维方式，传播与社会生活的深层互动日益彰显，昔日大众传媒的受众逐渐嬗变为作为传受合体的'电子媒介人'，并且正在试图通过与昔日强大无比的大众传播机器的平等对话进而有望成为新的传播主体"⑤，并进而分析了"电子媒介人"所面对的问题及价值。《互联网交往形态的演化》一文"采用定量研究与定性研究相结合的方法，以'同构'为隐喻阐释了互联网交往形态的演化机制及人与互联网复杂而密切的关系。首先，对媒介环境学的理论进行深入分析和解读，在与其他媒介理论的对比分析中，揭示了媒介环境学理论的深刻内涵，并创新性地阐释了媒介环境学在技术、文化、人的需要和媒介制度四个方面的主张。其次，根据媒介环境学的理论，但没有囿于媒介环境学的理论，充分借鉴其他媒介研究的成果，以技术文化史的视角，从技术、文化、人的需要和媒介制度四个维度，对互联网交往中出

①　徐萍：《从晚清至民初：媒介环境中的文学变革》，山东师范大学学位论文，2011 年。
②　黄若涛：《绘本书的传播功能研究》，中国传媒大学学位论文，2006 年。
③　代云红：《中国文学人类学基本问题研究》，华东师范大学学位论文，2010 年。
④　向淑君：《敞开与遮蔽》，武汉大学学位论文，2009 年。
⑤　夏德元：《电子媒介人的崛起》，复旦大学学位论文，2011 年。

现的诸多文化现象、社会问题进行了分析,阐释了技术、文化、人的需要和媒介制度之间的相互关系及互联网交往形态的演化机制,指出互联网交往形态演化的过程同时也是人与互联网同构的过程"①。《美国报业的数字化发展研究》"选取三家知名美国大报《纽约时报》《华尔街日报》和《今日美国》作为研究对象,从网络领域、移动领域和应对数字化发展的报业组织嬗变三大方向入手,分五章探讨美国报业的数字化发展进路和三大报的不同数字化发展特色,以期为中国报业的数字化进程提供可供借鉴的参考和启示"②。《中国政府新闻发布制度研究》"意图在当代中国社会转型期的时代背景之中,分析当代中国政治图景中政府新闻传播行为存在的问题,探究其原因,并试图描述政府新闻发布的理想传播模型"③。

媒介生态学的影视研究应用:

此方面的研究较少,较为典型的有《多原媒介环境下的我国儿童电视节目研究》一文。但文中的媒介环境与我们所说的"媒介生态学"内涵不同。此文"是以一种积极的视角来研究儿童电视节目作为专门的儿童媒介内容产品如何在新的传媒生态环境下最大限度地发挥其正面作用。因此该文定位于实现一个问题式的理论架构,在作者能力所及的范围内进行一些探讨。文章以传播学的理论构架以及艺术学、儿童教育学、心理学等多学科交叉的研究视野,紧扣我国儿童电视节目传播现状,深入儿童受众和创作一线搜集大量一手资料,通过大量实证研究和典型案例分析,较为系统地研究了当前多原媒介环境下我国儿童电视节目的定位和包括传播者、受众、内容与渠道在内的传播要素,并在此基础上提出了传播效果最优化目标下的传播各要素之间实现良性互动的策略"④。

媒介生态学的教育研究应用:

此方向较有代表性的是《从断裂到弥合——山江纯苗区口传教育的现代转型研究》一文。该文"运用文献法、参与观察和深度访谈等人类学方法进行资料的全面搜集,并运用媒介环境学的分析方法和比较法对山江苗族口传教育与学

---

① 张冠文:《互联网交往形态的演化》,山东大学学位论文,2013 年。
② 曾海芳:《美国报业的数字化发展研究》,上海大学学位论文,2011 年。
③ 李晓虎:《中国政府新闻发布制度研究》,复旦大学学位论文,2007 年。
④ 李琦:《多原媒介环境下的我国儿童电视节目研究》,华东师范大学学位论文,2012 年。

校教育进行深入分析以探寻二者的结合途径"①,是将媒介生态学方法运用到教育问题进行研究的成功案例。《电子媒介传播与嘉绒"达尔尕"口承教育的变迁研究》一文"通过分析嘉绒村落和学校教育中媒介传播的影响与'达尔尕'变迁的文化动因,试图对电子传媒环境中民族口头文化持续传承的必要性和可行模式做出回答"②,其实并不属于媒介生态学的理论应用。

2. 当前媒介生态学研究的问题

从以上资料可以看到,媒介生态学研究正处于上升阶段。从数量看,最近三年以来涉及媒介生态学的译著及论文数量不断增加,博士论文选题也明显增多。从内容来看,学界不仅对北美媒介生态学派进行理论探索,更进一步将其理论活学活用,来分析当下中国传媒领域的一些具体问题,例如手机和微博等。这些都展示了媒介生态学理论的生命力。然而,这些论文都还局限在将其作为传播学的一种理论,从传播学视野对各种文艺、影视及传播新现象进行分析。我认为,当前国内外对媒介生态学的研究仅仅抓住了其"媒介"和"技术"的维度,忽略了媒介生态学理论中隐含的文学和审美维度。而这恰恰是媒介生态学理论中极为重要的核心内容。目前国内外学术界已经有极少数学者注意到了这一点,并开始了对媒介生态学的美学研究。

3. 媒介生态学研究趋势:媒介和技术与美学的相遇

媒介生态学涉及的媒介和技术问题仅靠传播学学科内部资源无法进行深入的思考。美学作为对当代人存在状态的深刻揭示,又必然要涉及对媒介和技术问题的关照。因此,可以尝试从美学角度对媒介生态学进行更加深入的思考。当前国内外美学、文艺学和传播学界的少数研究者已经开始注意到媒介生态学的美学问题,下面简要列举一二。

先看国内研究态势。

在国内绝大多数学者还在对媒介生态学进行传播学探讨之时,以中国社会科学院文学所金惠敏研究员为代表的极少数学者已经开始有意识地对媒介生态学进行了文学和美学研究。早在 2005 年,金惠敏出版了《媒介的后果——文学

---

① 陈雪:《从断裂到弥合——山江纯苗区口传教育的现代转型研究》,西南大学学位论文,2010 年。

② 李涯:《电子媒介传播与嘉绒"达尔尕"口承教育的变迁研究》,西南大学学位论文,2011 年。

终结点上的批判理论》一书,此书在讨论文学终结论问题中,展开了对媒介的文学问题和审美问题的讨论。在前言中,他这样概括自己讨论的主题:"论文试图探讨媒介的后果,即是说新媒介对于我们的文学和文学研究会产生怎样的新的意味"①。这样,媒介和文学及美学就在这一个问题中相联系进行了思考。论文是国内对媒介的文学美学问题进行探讨的开山之作。到了 2012 年,《江西社会科学》的第 6 期发表了一个媒介生态学研究专栏,金惠敏在其所写的主持人语中明确提出,"我们推出本专题的意图并不只是在学术上深化麦克卢汉研究,尽管所组织的四篇论文(其中一篇放在'海外传真'栏目)都有一定深度,分量不轻,应当视为麦克卢汉及其影响研究的力作;我们的目的主要是尝试在媒介研究中开辟出一种美学研究的路向,同时在美学研究中开辟出一条媒介研究的路向"②。这是国内最早进行媒介生态学美学研究的宣言,2012 年也成为中国媒介生态学美学研究元年。

近年来对媒介生态学开展文学和美学研究的具体讨论如下:

国内最早对媒介生态学进行美学考察的论文专题发表于 2012 年的《江西社会科学》,共包括 4 篇媒介生态学研究论文。第一篇是金惠敏的《"媒介即信息"与庄子的技术观——为纪念麦克卢汉百年诞辰而作》一文。他指出,"麦克卢汉的命题'媒介即信息'意味着一种为电子媒介所标志的整体性思维方式。它教导我们,其一,媒介的本质就是其后果;其二,此后果的发生方式是通过人的感觉;其三,如果说文学以感觉为务,那么媒介研究就应该成为文学研究。麦克卢汉读到了庄子'抱瓮出灌'的故事,但这则故事主要是支持他媒介研究的'后果范式',而对于媒介后果的发生特点即整体性和感性的支持,虽不能说绝无,然毕竟十分稀薄,需要拐弯抹角地阐释。其实,庄子对于技术的整体性和感性有大量的直接的论述,惜麦克卢汉未能寓目。麦克卢汉后来遇到了老子,但仍然是飘忽的'神遇',而未能彻底坐实于文本层面。麦克卢汉与道家,或扩大而言与中国文化的对话,需要我们的重新建构,在此建构中庶祈开拓出中国媒介生态学的未来"③。第二篇是

① 金惠敏:《媒介的后果——文学终结点上的批判理论》,北京:人民出版社,2005 年,"前言"第 3 页。

② 金惠敏:《主持人语》,《江西社会科学》2012 年第 6 期。

③ 金惠敏:《"媒介即信息"与庄子的技术观——为纪念麦克卢汉百年诞辰而作》,《江西社会科学》2012 年第 6 期。

李西建教授的《消费时代的价值期待——从〈娱乐至死〉看媒介生态学的人文理论面向及其未来》一文。他认为，"消费时代的价值期待，是媒介生态学研究领域内重要问题。本文阐释了波兹曼《娱乐至死》的理论内涵，梳理了西方人文思想领域诸多大家对消费社会娱乐化问题的反思；结合当代中国文化的发展进程，进一步探讨了'泛娱乐化'现象产生的根源、问题及其危害；面对消费时代的到来，媒介生态学更应重视人文取向与价值建构，在理论与实践两方面，不断解决技术发展中的人文价值认同与生态学关怀"①。这一思路对我们梳理媒介生态学的美学问题很有启发。第三篇是张进教授的《论麦克卢汉的媒介生态学思想》一文。他认为，"作为最早在生态与媒介的关联语境中运思的理论家之一，麦克卢汉主要从媒介感知环境、媒介符号环境和媒介社会环境及三者间的关系等方面，阐述了媒介感知系统各成分之间、媒介符号系统各部分之间和媒介社会系统各层面之间的互动共成、循环共生和整体共存等一系列生态学思想，为媒介生态学奠定了一个充满诗性智慧和理性洞见的论说基础。同时，他对媒介感知系统的内在自足性、媒介符号系统的形式生产性和媒介社会环境的非社会历史性的偏爱，也使其表现出人本主义的技术乌托邦倾向"②。他对麦克卢汉理论生态学内涵的揭示，对本书探讨麦克卢汉具有关键作用。第四篇是兰斯·斯特拉特教授的《媒介生态学与麦克卢汉的遗赠》一文。他认为，"媒介生态学渊源有自，其传统在19世纪和20世纪的传播与技术革命中不断融合更新，并逐渐在21世纪得到进一步的发展；而麦克卢汉的贡献表征了它的最初成就，并成为这一学术领域的基础和中心。另两位深受麦克卢汉思想影响的重量级人物是沃尔特·昂和尼尔·波兹曼。前者认为，电子媒介环境已经成为一种新型的互联文化和生态时代；而后者则提出了'把媒介作为环境研究'这一媒介生态学的概念和传播媒介如何影响人类的洞察力、理解力、感觉与价值观等问题。可以说，麦克卢汉留下了一个内容充实、范围广阔的研究领域，他所提出的问题是媒介生态学中最根本的问题"③。他的这一看法让我们明确了麦克卢汉在媒介生态学理

---

① 李西建、张春娟：《消费时代的价值期待——从〈娱乐至死〉看媒介生态学的人文理论面向及其未来》，《江西社会科学》2012年第6期。

② 张进：《论麦克卢汉的媒介生态学思想》，《江西社会科学》2012年第6期。

③ ［美］兰斯·斯特拉特文、胡菊兰：《媒介生态学与麦克卢汉的遗赠》，《江西社会科学》2012年第6期。

论中的核心地位。

2014 年 9 月,在西安召开了"麦克卢汉/媒介研究与当代文化理论"国际学术研讨会。来自国内外的专家学者 70 余人探讨了麦克卢汉的媒介理论及其当代意味。在开幕式上,主持人明确指出:一直以来"麦克卢汉媒介研究的内在精神却被相对地忽视了,这个精神是美学精神,是以想象性文学所代表的人文价值"。他的这一看法成为与会专家的共识。有学者从分析"地球村"入手,认为地球村是一个"媒介美学"概念或"美学媒介"概念,并详细分析了"地球村"所具有的媒介和美学双重含义。李昕揆近年来一直从事麦克卢汉印刷思想的研究。他的研究从不同层面揭示了麦克卢汉媒介生态学美学的核心观念。

2014 年年底,《南华大学学报》发表了一个媒介生态学讨论专栏,题目为"现代性研究与媒介生态学"。包括《感性整体与反思整体——麦克卢汉、海德格尔与维科的互文阐释》①《理解媒介生态学》②《麦克卢汉媒介观的美学审视——以〈理解媒介〉为中心》③和《媒介技术的美学维度》④四篇论文。这些论文从不同侧面揭示了媒介生态学的美学内涵,极大促进了国内媒介生态学美学的发展。

2015 年初,《文艺理论研究》发表了金惠敏组织的一批麦克卢汉研究论文,包括金惠敏《"麦克卢汉:媒介与美学"专题主持人语》⑤、彼特·牟瓦(Peter Murvai)和多梅尼可·谢弗尔-杜南(Dominique Scheffel-Dunand)的《媒体研究的诗学之源:量化研究的初步解释(英文)》⑥、艾琳娜·兰博迪(Elena Lamberti)的《从后视镜中看麦克卢汉的媒体研究——凹镜、螺线与人文训练(英文)》⑦、金惠敏的《技术与感性——在麦克卢汉、海森伯和庄子之间的互文性阐释》⑧和易

---

① 金惠敏:《感性整体与反思整体——麦克卢汉、海德格尔与维科的互文阐释》,《南华大学学报(社会科学版)》2014 年第 6 期。
② 何志钧:《理解媒介生态学》,《南华大学学报(社会科学版)》201 年第 6 期。
③ 刘玲华:《麦克卢汉媒介观的美学审视——以〈理解媒介〉为中心》,《南华大学学报(社会科学版)》2014 年第 6 期。
④ 陈海:《媒介技术的美学维度》,《南华大学学报(社会科学版)》2014 年第 6 期。
⑤ 金惠敏:《"麦克卢汉:媒介与美学"专题主持人语》,《文艺理论研究》2015 年第 1 期。
⑥ [加]彼特·牟瓦、多梅尼可·谢弗尔-杜南:《媒体研究的诗学之源:量化研究的初步解释(英文)》,《文艺理论研究》2015 年第 1 期。
⑦ [意]艾琳娜·兰博迪:《从后视镜中看麦克卢汉的媒体研究——凹镜、螺线与人文训练(英文)》,《文艺理论研究》2015 年第 1 期。
⑧ 金惠敏:《技术与感性——在麦克卢汉、海森伯和庄子之间的互文性阐释》,《文艺理论研究》2015 年第 1 期。

晓明的《艺术感知与技术感知的交合——论麦克卢汉的电媒感知与现代主义的艺术感知》①。这些论文内容各异,但其共同特点是超越了麦克卢汉的媒介理论,将其扩展到文学和美学研究视界之中。

接下来看国外研究态势。

在媒介理论界享有盛誉的加拿大多伦多大学麦克卢汉研究部的主任多梅尼可·谢弗尔-杜南教授近年来致力于从媒介与文学相结合的角度对媒介理论进行量化考察,代表性论文有《媒体研究的诗学之源:量化研究的初步解释》②。意大利学者艾琳娜·兰博迪教授注意到了媒介理论的人文主义背景,并以此为视野进行研究。代表性论文有《从后视镜中看麦克卢汉的媒体研究——凹镜、螺线与人文训练》③。剑桥大学教授乔纳森·哈特(Jonathan Hart)则主要关注媒介、文化和理论之间的关系,为我们将媒介与美学理论相结合提供了参考。东欧学者包亚娜·玛特吉兹(Bojana Matejić)的研究重点是当代新媒介艺术的美学特质。

总之,作为一个新兴的交叉研究领域,媒介生态学的美学研究已经引起国内外美学、文艺学和传播学研究者的广泛关注,这一交叉研究已经开始显示出其强大的学术生命力。

(二)从学科角度来看,传播学研究具有与美学结合的必要性

1.传播学学科的交叉性质

传播学在中国是一个舶来的新兴学科,本身具有明显的交叉性质。周岩认为,"传播学作为一门社会科学,以研究人类信息交流的行为与传播活动的过程为主要研究对象,是一门建立在多学科基础之上的新兴的知识领域,它诞生在新闻学、政治学、社会学、社会心理学、文化人类学、信息论、系统论、控制论等诸多学科和社会传播相交叉的边缘地带,与这些学科有着密切的关系;同时,随着传播学理论的不断整合,其研究视角、概念、理论、方法的不断创新,促进了一些新

---

①　易晓明:《艺术感知与技术感知的交合——论麦克卢汉的电媒感知与现代主义的艺术感知》,《文艺理论研究》2015 年第 1 期。

②　[加]彼特·牟瓦·多梅尼可·谢弗尔-杜南:《媒体研究的诗学之源:量化研究的初步解释(英文)》,《文艺理论研究》2015 年第 1 期。

③　[意]艾琳娜·兰博迪:《从后视镜中看麦克卢汉的媒体研究——凹镜、螺线与人文训练(英文)》,《文艺理论研究》2015 年第 1 期。

的研究领域不断发展,为不同学科提供了新的理论与研究视角的选择"①。作为中国传播学领域的先驱,邵培仁 1990 年出版了《当代传播学丛书》。作为国内第一套传播学丛书,包括《新闻传播学》《教育传播学》《艺术传播学》《经济传播学》和《政治传播学》等分册,十分明显地体现了传播学的交叉研究特色。回顾这 30 余年来传播学的扩散,传播学研究跨越了经济学、管理学、社会学、文化学、心理学、广告学、艺术学、新闻学、伦理学、法学、语言学、公共关系学、知识学、美学、营销学、网络研究、医学、教育学、宣传学信息学、政治学、舆论学、生态学、地理学、人类学、历史学等学科领域,涌现的具体的研究方向更是不可枚举。迄今一些新的交叉边缘性研究依然不断出现。邵培仁在《传播学导论》中对传播学研究进行展望,他认为,"传播学交叉研究的进一步扩展和深入,不仅丰富和发展传播学自身,同时也使传播学深深地渗透到广阔的其他学科内。我们有理由相信:在未来的一百年中,分门别类的社会科学都会成为综合之后的一门学科。在这门学科里,传播学的研究会被各门学科的学者格外重视,会一跃成为所有这些科学里面的基础"②。

2. 传播学与美学进行跨学科研究的初步成果

当前国内代表性著作有《传播美学导论》(姚鹤鸣,北京广播学院出版社,2001 年)、《美学传播学》(森茂芳,云南民族出版社,2001 年)、《现代传播美学》(曾耀农,清华大学出版社,2008 年)、《当代传播美学》(张涵,中国书籍出版社,2010 年)、《现代传媒美学》(李益,四川大学出版社,2010 年)等。还有一些围绕传播学核心概念进行建构的涉及美的问题的专著,比如《新闻的审美传播》(孙德宏,生活·读书·新知三联书店,2011 年)和《美的诉说:基于媒介演变的图像传记》(蔡勇,中国传媒大学出版社,2013 年)等

《传播美学导论》研究的是"传播活动中的审美活动,也即具有审美性的传播活动"③。作者认为,传播美学应该"研究如下内容:审美性传播活动的本质,传播媒介的审美形态,传播主体的审美创造,传播受众的审美接受,传播活动中审美关系的历史性"④。《美学传播学》将"美学传播学"看成是传播学中的一个

---

① 周岩:《中国大陆传播学交叉学科研究的回顾与前瞻》,《东南传播》2009 年第 7 期。
② 邵培仁:《传播学导论》,杭州:浙江大学出版社,1999 年,第 66 页。
③ 姚鹤鸣:《传播美学导论》,北京:北京广播学院出版社,2001 年,第 13 页。
④ 姚鹤鸣:《传播美学导论》,北京:北京广播学院出版社,2001 年,第 14 页。

新课题,将信息结构与传播修辞作为研究的重点,提出了信息体裁化、信息传媒化等论点。《现代传播美学》讨论了传播过程的美学规律、传播媒体美的设计、传播谋略美的运筹、艺术传播与农村文化、人际传播的审美特征、网络传播的审美特征等内容。张涵认为,"所谓当代传播美学,就是以马克思主义美学思想为指导,对当代传媒活动的审美特征、审美生成、审美运作、审美功能等进行多学科、跨学科的综合研究,从中揭示当代建构审美生活、塑造审美人格的必要条件、内在机制与根本规律"①。《现代传媒美学》是关于现代传媒美学的专著。全书从现代传媒与美学的联系和渗透出发,研究了现代传媒审美独特的发展趋向和时代特征,论述了传媒审美心理、传媒审美的形式要素、传媒审美的构成法则,介绍了图文传媒的形态及特征、影像传媒的形态与特征、网络与通信传媒审美的形体与特征。《新闻的审美传播》在"美是人的终极理想"的基础上,深入地论证了新闻传播与审美之间的关系,指出人文关怀是新闻审美传播的根本价值。立足于新闻传播活动的全过程,从事实、传播主题、文本接受主体诸方面,对新闻审美传播进行了全面的讨论。《美的诉说:基于媒介演变的图像传记》视角与前几部著作不同,他抓住"介质"的演变历史,分别考察艺术史中美的流变。

3. 当前传播学与美学跨学科研究的不足

由上述专著出版时间可以看出,进入 21 世纪以来,将传播学与美学进行交叉研究正在成为传播学研究的热点问题,上述著作对美学和传播学交叉研究作出了重要贡献。然而这些研究的理论视角往往只限于传播学的传统领地,围绕"传播活动""传播主体""传播受众""传播媒介"等进行,没有注意到传播活动内在的"技术"因素,没有从技术—审美的思路对当代审美问题进行关照。事实上,讨论传播与审美的问题,不能忽视这个"技术"内核。因为技术一方面是传播的内在构成因素,传播离不开技术支持;另一方面是审美的内在构成因素,审美也离不开技术。尤其是今天,技术已深刻地参与到当代审美活动之中。这个问题值得进行认真细致的考察。

(三)从技术问题史的角度看,对技术进行美学研究十分必要

我们将从动态和静态来讨论技术的问题。从动态来看,我们从人类对工具的使用角度来划分三个时代:操作技术时代、机器技术时代和数字技术时代,分

---

① 张涵:《当代传播美学建构略议》,《光明日报》2005 年 8 月 23 日。

别对应人类生产的不同模式(狩猎和农业生产、工业生产以及数字生产),展示了从技术与人的和谐关系到与人的分裂进而再次和谐的历史进程。而正是与人的分裂,才使得技术成为一个"问题"。从静态来看,思想史上出现了众多对技术问题的思考,其中包括审美思考。

1.技术成为一个"问题"

今日,技术作为一个"问题"出现在众多话语领域。然而技术并不总是一个"问题"。或者说,技术成为"问题"有其历史性。回顾人类对工具的使用历程,从工具与人的精神相联系的维度考察,我们发现在不同的生产模式下工具与人发生的不同关系。这也正是技术问题从隐匿到显现的历程。按照马克思主义的研究方法,我们将技术发展与人类的生产历史相结合,对应农耕时代、工业时代和数字时代划分了三大技术形态:操作技术、机器技术和数字技术。生产的断代划分是依据生产力水平,技术的划分依据是依据驱动工具的能量模式。这样的思考就是强调技术在生产的历史维度展其"问题"史。

第一形态是操作技术,我用"操作技术"来描述狩猎和农业时代的技术。它是依靠人力或者人的身体能量来进行驱动的技术活动,因此具有"技艺"性且和人的生存相和谐。

首先,操作技术具有"技艺"性。

"技艺"这个词汇一般指先秦时期的技术存在状态。我认为它的实质是依靠人自身能量来驱动工具来达到人的目的活动,它表达了工具和身体的相互嵌入关系,外在表现为各种身体性操作活动。因此,操作技术就是"技艺"性的。操作技术始于人类开始使用工具(旧石器时代的石斧),兴盛于古希腊与先秦时代,没落于外在能量驱动的机器的崛起。

其次,操作技术与人的和谐。

因此对人的精神而言,源于自身能量驱动的操作技术更容易被认可,达到身心的共鸣。比如,我们经常提到的先秦时期贵族教育的"六艺"。其中的"射"之艺就是操作技术与人的心灵达到共鸣的典范。当我们用肉体参与到外物的改变,我们获得了一种对自我身体力量的肯定,同时也获得精神的愉快。而依靠外在能量驱动工具则不同,它虽然也可以改变外物,但因为力量不是从自我而发,所以我无法获得身体与精神的共时性的愉快。这就是近代哲学家如维科、席勒等所说的人的"肉体"与"精神"、"感性"与"理性"的分裂了。

第二形态是机器技术。如上所述,正是外力驱动的大规模运用,产生了新的生产状态和新的工具与人的关系。这就是我们看到的近代兴起的新的生产时代:工业时代。它也终结了肉体和精神的和谐,开始了"感性"与"理性"的分裂。从此基于"理性"的科学与基于"感性"的人文分道扬镳,各自划分了自己的领域,乃至互相敌视。出现了以下现象。

首先,人的异化问题。

马克思敏锐地发现了这种分裂性生产的恶果。在此领域最重要的不是从生产本身进行经济学考察所得到的"剩余价值"论,而是他在《1844 年经济学哲学手稿》中所提出的生产中的"异化"现象。在此我们对马克思的异化不再详述。但我们要指出的是,马克思的"异化"仅仅描述了人的生产问题,而遗憾的是,没有涉及生产的技术史层面。我们将"异化"进行技术史的考察将发现,正是舍弃了自身能量对工具的驱动,转而运用外在能量去驱动工具,所以导致生产的人与生产对象、生产过程乃至生产自身的疏离感、对立感。而这一切就在于生产的生产工具的发明—蒸汽机的出现。作为能量转化装置,它不仅改变的是驱动生产工具的方式,当然也改变了整个生产中的人的一切。或者可以说,一切都不同了。因此之前不存在的问题纷纷出现,比如技术问题。

其次,技术成为一个"问题"。

工业生产导致了我们的肉体与精神相分离,其结果是人的分裂。也正是因为人的分裂,才使我们可以进行"反思"活动。因为"反思"总是要分离出一个自我才能进行的。人的分裂提供了这样一种"分裂"的思维。典型的代表人物是笛卡尔,其"我思"堪称一代哲学精神的典范。那么,反思的结果就是一个问题。哲学史中认识论的讨论我们且不论。仅就人与外在工具的关系而言,反思发现的新问题是:技术和我的关系何以如此? 这就意味着,本来在前工业时代混沌一体的人与工具的操作性关系被二分的思维所割裂。发问已经意味着存在问题,而对发问的回答一直持续至今。

第三形态是数字技术。数字技术是指基于电子管、晶体管、大规模集成电路和互联网协议等的技术模式。虽然数字技术的生产也是使用外力驱动工具进行的生产,但与工业时代的生产完全不同。工业时代进行驱动的外力是机械力,而数字时代进行驱动的外力是数字(实质是大规模集成电路)。从形象看,前者是庞大的钢铁机器,后者是无形的数据流。从技术哲学来看,前者基于牛顿力学,构建了一个因果论的牢固世界,而后者基于相对论和量子论,构建的是一个共时性、交互性的世界。整个当代问题的根源就在于此,这也是数字时代与工业时代的最大差异。在这一语境下,技术更加成为一个"问题"。

首先,数字技术并没有消除工业时代的生产中出现的人的分裂,反而通过数字技术的应用制造出使人的肉体与灵魂更加分裂的工具和产品。虚拟现实技术就是一个很典型的例子。它的实质是将人的肉体感知与人的心灵处所相分离。或者更简单地说,是通过欺骗人的感官获得虚拟的现实性。虽然人的心灵总是被感官所牵扯,但此技术毕竟可以在较短时间内达到人心灵与感官的分离。我们不是批评虚拟现实技术。它提供的体验自有其价值。我们仅仅想指出的是,这一技术隐藏的还是工业时期开始出现的人的分裂这一趋向。作为这些分离技术的结果,数字技术将导致人的新异化。马克思的"异化"是建立在工业时代生产下的人的境况分析,而电子时代人的生产境况与之不同。那么,既然还是一种分裂的技术,那么数字技术将引发的还是一种新的"异化"状态。通过电子游戏、数字电影、网络艺术等领域表现出来的,是新的审美风尚,更是新的人与自我的疏离或更严重的可称为"对立"。

2. 技术成为一个美学问题

自从技术成为一个"问题",思想界就展开了对技术问题的反思。由于思想家们的文化背景、思维模式及更重要的技术环境的不同,他们对技术的反思呈现出多样的形态。我们首先将其简略划分为科学思考、人文思考和哲学思考,接着谈谈对技术进行美学思考的必要性和可能性。

首先是对技术的科学思考。此种思考是从科学角度对技术进行反思。其主要代表人物是为数众多的科学家。他们来自各门技术领域,是专业人士。这样的身份带来两个后果,其一,专业人士可以深入此技术的内部,对其进行客观的评价。比如霍金在《大设计》中对宇宙起源等问题做出了分析。作为当代最为著名的物理学家,他对专业的阐释当然具有权威性。虽然他所谈论的不是一种具体的技术,但这一关照视野被大量借鉴,引发了各门类技术人员从自身专业角度对技术的反思浪潮,出现了一大批科普性读物。其二,局限于自身的专业性,专业人士对技术的反思容易夸大技术的力量。虽不至于说是一种技术决定论,但其潜意识对技术及其工具的认同也带来读者的被动接受。

其次是对技术的人文思考。人文知识分子的使命就在于批判,对技术问题也一样。尤其是 20 世纪以来,技术的力量越来越强大之后,人文领域的知识分子和艺术家对技术的警惕之心就越加严重。作为科学思考的有益补充,技术的人文思考永远伴随着对技术的监督和批判。然而,如同科学思考容易导致对技术的盲目乐观一样,人文思考对技术的批判也容易导致对技术的盲目悲观。末日类小说和电影中有一大类末日就源于技术带来的灾难。比如电影《生化危机》系列。作品对技术的批评指向了两点,生物技术和人工智能技术。前者培育了灭绝人类的病毒,后者基于保护人类的原则对人进行屠杀。

再次是对技术的哲学思考。作为对科学思考和人文思考的超越,技术哲学从哲学思辨的角度对技术进行探讨。德国技术哲学家恩斯特·卡普(Ernst Kapp,1808—1896)在 1877 年出版《技术哲学纲要》一书中提出了著名的器官投影说,开辟了西方现代技术哲学。国内技术哲学研究的代表人物是北大的吴国盛教授,他走的是"海马路线",即将海德格尔与马克思理论相结合。技术的哲学思考是对技术问题的最高级、最具创新性和最有价值的关照。随着技术问题在中国的现代化建设中不断显现,对其进行技术哲学的思考将会逐步在哲学思考中取得越来越重要的地位。

最后我们讨论对技术的美学思考。分为两个层面:

第一个层面,我们认为技术的美学思考具有必要性。在诸多对技术的思考中,美学思考有其特殊的价值。首先,它是对技术进行科学思考的提升。科学总是人的科学,而审美是人的本质存在状态。所以对科学进行审美关照是应有之义。其次,它是对技术进行人文思考的指向。美学作为"感性学",深刻地扎根于人的人文维度。或者可以说,人文维度事实上就是从感性出发的人的维度。所谓人文关怀首先就应该是对感性的关怀和思考。再次,它是对技术进行哲学思考的核心。所谓"核心",是指对技术进行美学思考是其哲学思考的中心任务。美学属于哲学,但美学又不是纯粹的哲学。因为其根基在于对感性和理性的平衡而非一味强调理性。对技术进行哲学思考并不能仅仅将其作为思辨的对象,而且还要注意到技术所具有的感性维度。换言之,技术的感性维度正是技术思考的核心。

第二个层面,我们认为技术的美学思考具有可能性。这一可能建筑于技术具有的感觉维度之上。我们将技术不仅视为外在于我的工具,而且将其视为我内在的感觉。当然,这种感觉一方面依赖五官感觉,另一方面它又超越了五官感觉。技术的感觉是一个以我们身体为中介的感觉,是超于身体感觉的感觉。它的内容就是我们对文明的理解。所以一旦我们开始反思我们自己,进入文明阶段,那么事实上我们已经在开始对超越身体的感觉进行反思了。这也正是对技术的反思。这种反思因为有我的内在感觉,所以它总是不能被理性所完全把握,总是显示出与感性的纠缠。这正是美学思考的可能性。

第二节 写作思路及框架

一、写作思路

本书试图讨论媒介生态学媒介理论中的美学问题。按照问题展开的逻辑,首先明确媒介生态学美学研究的价值,其次展开对媒介生态学原媒介审美取向、感知媒介审美取向和跨媒介审美取向三条理论进路的研究,最后对整个媒介生态学美学问题作一总结。

1. 明确媒介生态学美学研究的价值

一方面,当代美学研究需要媒介生态学资源。"媒介"和"技术"问题在美学讨论中日益重要,它们也是媒介生态学涉及的两大主题。另一方面,媒介生态学研究需要美学提升自身。首先我们发现媒介生态学研究中出现了无理论深度、受传播学方法局限等问题。其次从学科角度来看,传播学研究具有与美学结合的必要性。最后从技术问题史的角度看,对技术进行美学研究也十分必要。

2. 展开对原媒介审美取向、感知媒介审美取向和跨媒介审美取向的研究

本部分将首先讨论媒介生态学美学研究的总问题,接着分别对原媒介审美取向、感知媒介审美取向和跨媒介审美取向进行讨论,分为三大部分。在每一部分的具体讨论中先对原媒介审美取向、感知媒介审美取向和跨媒介审美取向的内涵进行界定,然后分别讨论此审美取向的代表人物。在对代表人物的讨论中,则先对他们的媒介理论进行梳理,然后逐条对其进行审美发掘,最后归纳其媒介美学理论。需要注意两点。在理论层面,此部分的研究要注意将横向思考和纵向思考相结合。在实践层面,研究要将理论分析与当代电子媒介带来的新问题相联系,时刻具有问题意识。

3. 进行总结

分别总结原媒介审美取向、感知媒介审美取向和跨媒介审美取向的美学内容,并揭示此三方面美学探讨具有的内在整体性。

二、基本框架

本书共分为六大部分。

第一部分是绪论,说明进行媒介生态学美学研究的价值,并明确本书写作思路和基本框架。

第二部分是媒介生态学美学研究总论。将讨论媒介生态学美学研究的对象、内容和目标。

第三部分探讨媒介生态学的原媒介审美取向,将通过对伊尼斯媒介理论的考察,展现基于媒介自身的审美特征。

第四部分探讨媒介生态学的感知媒介审美取向,将通过对麦克卢汉媒介理论的考察,发现基于感知的审美内涵。

第五部分探讨媒介生态学的跨媒介审美取向,将通过对波兹曼媒介理论的考察,发现跨媒介视域下媒介的审美价值。

第六部分是全书的总结。不仅分别总结原媒介审美取向、感知媒介审美取向和跨媒介审美取向的内容,而且揭示其内在整体性。

第一章　媒介生态学美学研究总论

第一节　媒介生态学美学的研究对象

一、媒介生态学美学研究的总对象

国内主流美学理论认为,美学的研究对象是"审美活动"或"审美关系"。媒介生态学的美学研究基于媒介生态学的媒介理论,它不笼统地探讨整个审美活动的方方面面,而是关注围绕媒介活动的审美活动。同时我们也看到,媒介生态学既然将"技术"作为其"媒介"的同义语,他们对"媒介"的讨论也借由"技术"获得审美价值。另外,媒介和审美之间必然涉及人的活动。因此,媒介生态学美学总的研究对象就是围绕着媒介(技术)的人的审美活动。

二、媒介生态学美学研究的三大取向

根据上文对媒介生态学各阶段代表人物的考察,我们发现他们对媒介的讨论虽然集中在媒介和技术问题,涉及自然、社会和艺术内容,但他们的媒介讨论实质上构建了三个层次的问题:媒介自身的问题、媒介与人的问题、媒介与文化的问题。因此,我们将媒介生态学美学分为三大取向:原媒介审美取向、感知媒介审美取向和跨媒介审美取向。

1.原媒介审美取向讨论基于媒介自身所延伸出的审美问题。此层次的研究将讨论基于媒介自身的发生、发展和内容导致的审美变化。媒介生态学与传播学中的经验学派和批判学派不同,它侧重媒介本身的性质分析。作为开拓者的伊尼

斯将媒介自身作为媒介分析的对象加以研究,而非其承载的内容。我们对媒介生态学媒介理论进行美学考察,首先也是最核心的就是关注媒介自身具有的审美趣味。比如从伊尼斯我们可以发现,他的媒介理论包含了不同媒介形态的审美趣味差异、媒介的时间/空间性偏向和媒介具有的平衡之美等。波兹曼的理论贡献虽然不在于对媒介本身的分析,但是他对大众传播媒介的文化批评也同样基于对媒介自身巨大力量的肯定。"我们将毁于我们所热爱的东西"正是对媒介自身魅力的表达。

2. 感知媒介审美取向则在媒介的美学讨论中引入人的感知维度。此层面的讨论涉及媒介如何在人的感知层面上发生作用,进而导致了何种审美变化。此条媒介审美道路的奠基人是麦克卢汉。我们从麦克卢汉的媒介理论发现,他的媒介/延伸/技术即讯息、"地球村"、媒介/延伸/技术的"形式美""热媒介""冷媒介"等都具有丰富的感知内涵。

3. 跨媒介审美取向更进一步,它是指从文明或文化层面对媒介进行审美关照。此层次的讨论将涉及媒介的超媒介内容。媒介生态学几代学者都注意到媒介对文明其他要素(尤其是文化环境)的巨大反作用。比如伊尼斯关注到媒介对帝国兴衰的巨大力量。麦克卢汉则更进一步,将媒介/延伸/技术与人类历史相联系。他认为如何处理新媒介是西方文明要面对的巨大挑战,这将影响西方文明的走向。但其中最为典范的非波兹曼莫属,他甚至将媒介视为有关人类真实存在与否的考量维度。因此我们讨论媒介生态学美学问题的第三个理论进路就是对媒介进行文化考察,基于媒介与文化的关系来考察媒介所建构的新型审美关系。此内容将主要体现在对波兹曼的媒介美学的探讨中。

具体如下图:

媒介生态学关注的媒介内涵	媒介生态学美学的三大审美取向	审美内涵	代表人物	美学价值
媒介与自身	原媒介审美取向	媒介自身的审美	哈罗德·伊尼斯	媒介变化导致审美变化
媒介与人	感知媒介审美取向	媒介感知的审美	马歇尔·麦克卢汉	媒介与感知的审美互动
媒介与文化	跨媒介审美取向	媒介的文化审美	尼尔·波兹曼	媒介的文化审美价值

根据其理论的重要性,同时考虑到在媒介生态学理论中的地位,我选择了哈

罗德·伊尼斯、马歇尔·麦克卢汉和尼尔·波兹曼分别作为原媒介审美取向、感知媒介审美取向和跨媒介审美取向的典范。但由于媒介生态学诸人大多高产，著作较多,涉及的领域也较广,本书仅进行媒介生态学美学问题的讨论,所以在选择各代表人物的研究专著时既考虑此著作是否为人物的媒介思想的代表作,又考虑到著作在整个媒介生态学思想史中的重要性。参考和比较之后,我选择了以下代表作进行研究。当然随着研究的进行,著作之间的相关性的必然展现,我将在研究中参照媒介生态学诸人的其他著作加以对照。具体如下图:

代表人物	代表作	主　题	研究内容
哈罗德·伊尼斯	《帝国与传播》《传播的偏向》	媒介自身	媒介自身的审美特征
马歇尔·麦克卢汉	《理解媒介》《谷登堡星汉璀璨》	媒介与感知	媒介与审美感知
尼尔·波兹曼	《娱乐至死》《童年的消逝》	媒介与文化	媒介与审美文化

第二节　媒介生态学美学的研究内容

一、媒介生态学美学研究的总内容

通过分析媒介生态学的三大审美取向,归纳媒介生态学美学的一般内容。进而为阐释当代媒介活动提供新的美学基础,也为当代美学理论的发展寻找新的思想资源。

二、媒介生态学美学研究的具体内容

具体内容将分为三部分。

第一部分是总论,将明确媒介生态学美学的研究价值,提出媒介生态学美学的三大审美取向。

第二部分具体讨论原媒介审美取向、感知媒介审美取向和跨媒介审美取向。

其一，研究媒介生态学的原媒介审美取向。原媒介审美取向指向围绕媒介自身的生产、发展、运动所产生的审美变革，它以伊尼斯的媒介美学理论为代表。对伊尼斯媒介美学的探讨分为四部分。首先，我们讨论伊尼斯的媒介观点，提炼出伊尼斯媒介理论的核心内容。其次，通过对伊尼斯媒介分段的研究，我们具体分析他所指出的四大媒介阶段具有的审美趣味。再次，我们探讨伊尼斯所说的时空媒介的不同审美偏向。最后，揭示伊尼斯媒介美学的平衡主题。

其二，研究媒介生态学的感知媒介审美取向。感知媒介审美取向指基于媒介的感知性而生发的审美内涵。这一审美取向以麦克卢汉的媒介美学为代表，具体探讨也分为四个部分。首先是对国内外麦克卢汉研究的回顾，其次讨论麦克卢汉著名的"媒介即信息"的美学意味，再次讨论麦克卢汉"地球村"的四重内涵，最后讨论热媒介与冷媒介具有的感受性审美问题。

其三，研究媒介生态学的跨媒介审美取向。跨媒介审美取向是指从文明或文化层面对媒介进行审美关照，讨论将涉及媒介的超媒介内容。这一思路以波兹曼的媒介美学理论为典范。波兹曼不仅是媒介生态学学科建制上的开创者，而且他开创的是一条有别于伊尼斯和麦克卢汉媒介美学的道路。他将媒介美学推进到跨越"媒介"的文化领域，给文化研究带来了深刻的媒介审美维度，这就是波兹曼的审美史价值。对波兹曼媒介美学的讨论分为三部分。首先我们对波兹曼在媒介生态学的身份进行讨论，总述波兹曼跨媒介美学的特点。其次我们分析波兹曼对电视娱乐化进行批判所包含的审美批评。最后讨论波兹曼"童年消逝"问题带来的后现代技术的问题。

第三部分对媒介生态学的原媒介、感知媒介和跨媒介三大审美取向进行总结，并整合媒介生态学美学的总体内涵。

第三节　媒介生态学美学的研究目标

一、理论目标

本书的理论目标是通过对媒介生态学派的媒介理论进行美学分析，揭示媒介生态学围绕媒介和技术所建构的诸多理论的美学内涵,帮助我们对当代媒介和技术问题进行美学思考。反过来,本书的研究又可以帮助我们立足美学来反思媒介的技术宰制或限度问题。达成这一目标,既可以使媒介生态学的媒介和技术问题获得美学深度,又可以使美学研究与当代媒介和技术问题相结合,获得新的阐释空间。

二、实践目标

从实践层面看,通过开展媒介生态学美学研究,不仅将获得对媒介和技术问题的美学分析方法,更重要的是可以加深对当代电子媒介活动的审美理解,提升美学理论对当代新媒介传播与新技术应用活动的解释力。以对当下电子产品的研究为例。研究者往往使用麦克卢汉的"地球村"来解释电子产品的文化效果,却仅将其理解为一个传播学概念。但当我们深入分析麦克卢汉的"地球村",发现它具有多重内涵。它不仅有时空压缩、即时互动、整体性思维与共时思维等意义,而且还具有感官的电子膨胀、感觉的电子化和情感交流方式的改变等审美内涵。通过对"地球村"的美学研究,将更好地帮助我们对电子产品进行研究。同样对于诸如当代电子传播的文化考察等更宏大的问题,在思考中就更需要厘清电子时代的媒介和技术的美学之基。因为这些问题不应仅仅从传播角度进行考察,更应该从美学角度进行理解。

第二章　媒介生态学的原媒介审美取向

第一节　原媒介审美取向与伊尼斯研究概述

一、原媒介审美取向的界定

原媒介审美取向研究围绕媒介自身的生产、发展、运动所发生的审美变革。它以伊尼斯的媒介美学理论为代表。我们将通过讨论伊尼斯的媒介理论来发现原媒介审美取向的基本内容。

二、伊尼斯研究概述

"我乐意把自己的《谷登堡星汉璀璨》看成是伊尼斯观点的注脚，首先是他关于文字的心理和社会影响的观点，然后是他关于印刷术心理和社会影响的观点"①。这是麦克卢汉在给伊尼斯《传播的偏向》一书所写序言中十分著名的一句话。可以看出，麦克卢汉十分认同伊尼斯在媒介研究中的贡献。《传播的偏向》的中文翻译者何道宽先生将麦克卢汉和伊尼斯视为"多伦多双星"，十分推崇伊尼斯的学术贡献。然而相较于麦克卢汉，国内对伊尼斯的研究比较晚，且对伊尼斯的了解往往是从麦克卢汉而来。近年来，国内学术界对伊尼斯的研究已经蓬勃地开展起来，专著和论文在数量和质量上都可与麦克卢汉相提并论。下

① ［加］哈罗德·伊尼斯：《传播的偏向》，何道宽译，北京：中国人民大学出版社，2003 年，"麦克卢汉序言"第 3 页。

面我们对国内关于伊尼斯的研究成果进行简单的总结。

首先值得注意的是汤文辉的《媒介与文明——哈罗德·伊尼斯的现代西方文明批判》一书。他从伊尼斯对媒介与文明之间的关系入手,详细介绍了伊尼斯的媒介文明观。汤文辉首先指出了麦克卢汉对伊尼斯的敞明与遮蔽,即麦克卢汉在对伊尼斯进行介绍和推广时自身立场的影响,为我们还原伊尼斯的理论提供了道路。接着作者抽取了伊尼斯对"执迷于现实"的批判,将其作为全书理论基础,也是伊尼斯对西方文明批判的根据。然后作者讨论了伊尼斯的媒介偏向论和传播媒介与帝国的兴衰这两大内容,分别给予伊尼斯的两大著作《传播的偏向》和《帝国与传播》。最后,汤文辉对印刷媒介和口头传统与文明的关系分两章进行了讨论。可以算是对伊尼斯媒介与文明关系的一个总结。

李明伟在其论媒介生态学的专著《知媒者生存——媒介环境学纵论》中也对伊尼斯进行了研究。全书是对媒介生态学的整体研究,包括媒介问题的专门讨论(作者称为"媒介矢量")、媒介环境学的定义名称、媒介生态学的传承、理论框架、范式革命以及对媒介生态学的评价等内容。我们注意到李明伟先生将此学派称为"媒介环境学"而非"媒介生态学",我在前文已有论述,认为称为"媒介生态学"更佳。他在此书的第三章讨论"媒介环境学的代际传承"问题中将伊尼斯作为媒介生态学的奠基人物加以定位,目前学界是无疑义的。具体来说,李明伟对伊尼斯的研究包括以下几个方面:首先是伊尼斯的研究背景。他认为制度经济学家凡勃伦(Thorstein Veblen)对伊尼斯经济学研究有深刻影响,体现在三个方面:第一是方法论的启发。李明伟认为凡勃伦与传统经济学的研究不同,他"在广阔的社会变迁图景中分析心理、习俗、制度和经济行为之间的作用关系及其变化"[1]。伊尼斯学习了凡勃伦的这一方法论,从历史背景中分析气候、技术变革、制度变迁等对加拿大大宗贸易的影响。当然,伊尼斯后期对媒介的研究也贯彻了这一方法。他从人类文明的大背景中,"探寻传播媒介在政治、宗教、军事、贸易和文化冲突中所扮演的角色和发挥的作用"[2]。凡勃伦对伊尼斯的第二点影响是凡勃伦对"技术"问题的看法。凡勃伦认为技术是文明变革的重要动力,以此将人类社会分为野蛮时代、未开化时代、手工业时代和机器方法时代。

[1] 李明伟:《知媒者生存——媒介环境学纵论》,北京:北京大学出版社,2010年,第71页。

[2] 李明伟:《知媒者生存——媒介环境学纵论》,北京:北京大学出版社,2010年,第71页。

这一点在伊尼斯的早期贸易著作中也得到体现。比如他在《加拿大的皮货贸易》中就注意到了技术对贸易状况的影响。而后期作品中,伊尼斯的媒介偏向论也时常牵涉技术问题。因为一个显而易见的事实是,媒介的历史正是媒介中技术维度不断推进的历史。比如造纸技术、印刷技术都极大扩张了报纸的力量。凡勃伦对伊尼斯的第三点影响是伊尼斯采用了凡勃伦的一些概念,如"偏向""依附"和"中心—边缘"等。凡勃伦是从经济学角度来使用和阐释这些概念,而伊尼斯将这些概念进行了新的阐发。比如,我们熟知的伊尼斯提出的"传播的偏向",就着力于讨论传播媒介和技术对政治、经济和文化建构的影响。除了凡勃伦的影响之外,伊尼斯的研究背景还有一个不可忽视的要素,那就是加拿大国家的影响。学者不是生活在真空中,他们有自己的生活和研究的特定时空,所以对学者思想的理解永远不可能脱离这一特定时空。孟子所谓"知人论世"正是对此的精妙概括。就加拿大而言,由于其历史和地理的原因,受英国、美国和法国文化影响较大。如何保持加拿大自身的文化独立性,构建独立的加拿大共同体,是加拿大学者一直关心的问题。伊尼斯也是这样一位具有强烈爱国情怀的学者。他不仅从早期的经济史研究中试图构建加拿大的经济史,而且在后期媒介史的研究中,试图用传播来构建一个政治共同体。所以他特别推崇希腊口语文化,因为他认为希腊口语文化可以解决加拿大所面对的危机,甚至更进一步,可以挽救西方文明的危机。当然,口语时代在电子时代已经到来之际,结局恐怕会让伊尼斯失望。其次,李明伟在书中较全面地总结了伊尼斯的传播理论。最为核心的就是伊尼斯的媒介偏向论,即媒介的时间偏向和空间偏向,其中包括口头传统和印刷传统的发展历程。伊尼斯为了解决文明发展的危机,格外注意将口头传统和印刷时代进行比较,对此进行了详细论述。除了媒介的偏向外,还有媒介的市场意义。在《传播的偏向》和《报纸在经济发展中的作用》中,伊尼斯都谈到了报纸的出现对整个传播乃至整个政治活动的影响。精彩部分不一一赘述。另外,伊尼斯还讨论了媒介的权力问题。他的逻辑是媒介—知识—权力。在《传播的偏向》和《帝国与传播》中,伊尼斯列举了大量事实来论述媒介变化带来的权力变革。尤其是在《帝国与传播》中,伊尼斯讨论了历史上各大"帝国",生动地考察了这些帝国与帝国所依存的媒介之间的关系。令人信服地论证了媒介与权力、政权的相关性。最后,李明伟还讨论了伊尼斯媒介变革的历史意义。伊尼斯的媒介变革论立足于技术讨论,面向的是如何解决西方文明的危机。伊尼斯指出,西方现代文明目前"关注于专门化,而专门化是'过'(in excess)的"①。正是印刷工业导致了伊尼斯所说的"过",进而引发了西方文明空间和时间的不平衡的危机。所以西方文明的出路在于重新回到希腊口语传统,达到时间媒介和空间媒介之间的新平衡。李明伟最后对伊尼斯进行了评价,他认为伊尼斯是当之无愧的媒介生态学的奠基人,因为他首先告诉我们媒介变化将引发社会巨变,然后提出了媒介生态学的一些重要概念,尤为重要的是伊尼斯为媒介生态学提供了方法论。李明伟的研究向我们完整呈现了伊尼斯理论的全貌,是目前不可多得的伊尼斯研究佳作。

2009 年,李洁在自己的博士论文基础上修改出版了《传播技术构建共同体? ——从英尼斯到麦克卢汉》一书。作者将伊尼斯和麦克卢汉的研究放置在加拿大学者如何构建政治共同体的问题之内,发现了伊尼斯和麦克卢汉理论所隐藏的共同旨趣。作者首先讨论了"技术民族主义"问题,回顾了加拿大历史中的传播技术的作用。接着分别对伊尼斯和麦克卢汉的传播内容进行了共同体意义上的梳理。最后对伊尼斯和麦克卢汉的差异进行了辨析。

除了这些代表性专著外,还有一些数量不多的论文散见于期刊。截至 2014 年 12 月 19 日 23:26,在 CNKI 上以"伊尼斯"为主题进行搜索出现的论文有 264 篇,以"英尼斯"为主题进行搜索有 419 篇。我们也注意到,以"麦克卢汉"为主题进行搜索出现的论文只有 259 篇。这说明国内学界对伊尼斯的研究正在逐渐升温。

我们发现,学术界对伊尼斯的研究主要集中在他的媒介与文明的关系、口头传播和印刷传播的差异、时间偏向和空间偏向等问题上。这些问题当然很重要,它们是国内学界研究伊尼斯的宝贵成果。然而不足的是,学术界要么将伊尼斯视为一位经济学家,注意到了他前期的经济史著作;要么将伊尼斯视为传播学家,因为注意到他后期的传播学著作。我们将指出:不存在断裂的伊尼斯,伊尼斯的研究有一个完整内在逻辑。接着,超越了经济和传播,我们试图从审美的角度对伊尼斯进行关照,发现口头和书面、时间和空间偏向背后的审美内涵。

下面我们从四个部分展开对伊尼斯媒介美学的讨论。首先,我们讨论伊尼

---

① Harold A.Innis,*The Bias of Communication*(*Second Edition*),University of Toronto Press,2008:139.参见哈罗德·伊尼斯:《传播的偏向》,何道宽译,北京:中国人民大学出版社,2003 年,第118 页。

斯的媒介观点,提炼出伊尼斯媒介理论的核心内容。其次,通过对伊尼斯媒介分段的研究,我们具体分析了他所指出的四个阶段媒介具有的审美趣味。再次,我们探讨伊尼斯所说的时空媒介的不同审美偏向。最后,揭示了伊尼斯媒介美学的平衡主题。

第二节　伊尼斯的媒介理论

一、伊尼斯媒介研究的方法论

伊尼斯公开承认自己的马克思主义倾向。1948 年 7 月 23 日在牛津大学举行的"英联邦大学研讨会"上,他宣称"我的许多东西都带有马克思主义的味道"。他所说的"马克思主义的味道"非常准确。因为他并不是一位马克思主义者,他也并不完全认同社会主义国家的经典马克思主义。事实上,伊尼斯仅采用了马克思的从经济出发考察文化各领域的研究方法。伊尼斯对马克思主义是有保留态度的,他承认自己"并没有系统而严密地把马克思主义的结论推向极端,以显示它的局限性"。言外之意是,如果抛开马克思的方法论,严格地对马克思主义内容进行逻辑推理,马克思主义将出现它自身的局限性。对此我们当然持保留意见。当然,伊尼斯并不是一位哲学家,他的研究涉及经济史和传播理论,所以他采用马克思的从经济基础来关照上层建筑内容的分析方法已经足够。我们当然不能够因此苛求伊尼斯。

二、伊尼斯媒介研究的分期和逻辑问题

1.伊尼斯媒介研究的分期问题

作为伊尼斯理论的发现者,麦克卢汉将伊尼斯的学术生涯分为两个阶段:经济史阶段和媒介研究阶段。这种分期有助于读者把握伊尼斯的理论历程,然而客观上却容易将伊尼斯的研究进行人为的割裂。因为麦克卢汉并没有在讨论伊尼斯研究的分期问题时注意到伊尼斯研究的整体性,或者因为疏忽,或者认为其并不必要。我们对此无从考证。但客观事实是,麦克卢汉对伊尼斯前后分期的

说法风靡一时,被国内学界通过何道宽先生的翻译所接受并成为一个被普遍接受的看法。然而正如我们所知道的,任何一个人的学术研究都不是那么轻易会进行"断裂式"发展。作为一位治学严谨的学者,伊尼斯就更不可能因为外在的某些原因而突然发生学术上断裂转型。那么显然,伊尼斯从讨论大宗商品到讨论媒介和传播,必定有其内在逻辑。

汤文辉在《媒介与文明——哈罗德·伊尼斯的现代西方文明批判》中专门谈到了这个问题。他指出,"认为英尼斯学术生涯前后期之间存在断裂的观点,很快就遭到了研究者的批评"①。这一批评实际上就是对麦克卢汉的分期论的批评。他引用了詹姆斯·凯瑞(James W.Carey)和保罗·海尔(Paul Heyer)的论著来说明这个问题。前者指出,伊尼斯正是从早期大宗商品如纸浆、纸张的研究中,自然发展出对机构、文明和传媒的兴趣。后者也认为,伊尼斯是随着对纸浆和纸张的研究进入对报纸、期刊、图书和广告等的研究。他们的看法揭示了伊尼斯的研究趣味变化的合理性,比麦克卢汉更加准确地描述了伊尼斯的研究史。

我们认为,伊尼斯确实存在表面上的研究学科的位移,即麦克卢汉的前期和后期的区分依然是一个可以接受的概念。但是值得强调和补充的是,伊尼斯的研究宗旨并没有发生根本变化。他一直关注的是影响文明和文化的因素。早期的伊尼斯从物质性的大宗商品入手来解答这一问题,虽然卓有成效,取得了经济学领域的认可,但对解决文明和文化发展问题而言还是较为狭隘。后期的伊尼斯从精神性更强的无形媒介入手来考察它们与文明和文化的关系,才真正更宏阔地给我们呈现出了媒介变迁背景下波澜壮阔的人类文明史画卷。可惜天妒英才,伊尼斯英年早逝,这一重任就交给了麦克卢汉等人。

2. 伊尼斯媒介研究的内在逻辑

那么接着需要讨论的问题是,既然我们不能将伊尼斯断裂地审视,就必须发掘伊尼斯研究的内在逻辑。研究成果是学者研究内容的风向标,我们先看看伊尼斯的研究成果。伊尼斯的博士论文是《加拿大太平洋铁路史》(1923),此论文讨论了加拿大的太平洋铁路的修造历史以及对加拿大贸易的作用。接着在1930年,他出版了《加拿大皮货贸易》,这是他政治经济学领域的代表作品,开辟

---

① 汤文辉:《媒介与文明——哈罗德·伊尼斯的现代西方文明批判》,桂林:广西师范大学出版社,2013年,第10页。

了他对加拿大大宗商品的研究,奠定了伊尼斯在经济学界的地位。接着他在1940年出版了《鳕鱼业》,研究鳕鱼捕捞和贸易及对相关各国外交、经济和政治关系的影响。至此,伊尼斯有关经济学的研究告一段落。经过10年的思考和写作,伊尼斯在1950年出版了《帝国与传播》,在1951年出版了《传播的偏向》,分别讨论了传播与文明的问题和传播的偏向问题,这些奠定了其在传播领域的地位。

回顾伊尼斯的作品,从表面上看早期伊尼斯研究的铁路、皮货和鳕鱼确实与后期伊尼斯所关注的口头传播与印刷传播、时间偏向与空间偏向以及文明与传播的关系问题不同,然而正如詹姆斯·凯瑞所说,伊尼斯对铁路、皮货和鳕鱼的研究促使他关注到更广泛的内容。口头传播与印刷传播、时间偏向与空间偏向以及文明与传播的关系问题是早期经济问题的必然延伸,它们反映了伊尼斯一以贯之的研究旨趣。

因此我们可以这样来描述伊尼斯研究的内在逻辑,他是从有形之物到无形之物,从物质层面到精神层面。即从物质的、有形的大宗商品(铁路、皮货和鳕鱼)研究开始,到精神的、无形的传播媒介(口语/书面语),再到空间时间与文明的关系。伊尼斯的研究呈现出对人类整体发展历史的宏阔关照。

三、伊尼斯媒介理论的基本内容

此节我们专门讨论伊尼斯的媒介理论,故而对其大宗商品的传播问题先行搁置。当然,如上文所述,伊尼斯的大宗商品研究已经包含有其媒介理论的萌芽,同样也包含我们即将讨论的伊尼斯的审美问题的萌芽。我们主要讨论伊尼斯的媒介研究代表作《帝国与传播》和《传播的偏向》。

(一)媒介与文明

1.传播媒介的变革与文明的形态

伊尼斯认为,传播媒介并不仅仅是一种文明的"附带品",它本身就构成了文明发展的重要维度。他依据媒介来对文明进行分期,涉及历史上出现的大多数"帝国"。在《帝国与传播》中,伊尼斯向我们详细展现了传播媒介的变化如何引发政权的变化。伊尼斯既专章讨论了埃及、巴比伦、希腊、罗马等帝国,又在第六章和第七章中通过考察羊皮纸和纸张再到印刷机讨论了相关的各个帝国。从时间上看,既包括古代帝国,又包括当代帝国。从地域上看,不仅包括欧洲帝国,也包括亚洲和非洲帝国。可以说,伊尼斯是持有一种全球性文明的视野在对人类的帝国进行审视。除了我们一般意义上的"帝国"外,伊尼斯还提到了一些小国家作为帝国转变的补充。这样更增加了媒介影响政权的说服力。作为《帝国与传播》的进一步延伸,伊尼斯在《传播的偏向》中对媒介的文明影响讲得更清楚。他开宗明义地告诉我们,传播的意义如此之大,甚至世界史都应该按照媒介划分:

> 我这篇讲话按传播媒介将世界史分为以下几个时期:从两河流域苏美尔文明开始的泥版、硬笔和楔形文字时期;从埃及的莎草纸、软笔、象形文字和僧侣阶级到希腊——罗马时期;从苇管笔和字母表到帝国在西方退却的时期;从羊皮纸和羽毛笔到10世纪或中世纪的时期,在这个时期,羽毛笔和纸的使用互相交叠,随着印刷术的发明,纸的应用更为重要;印刷术发明之前中国使用纸、毛笔和欧洲使用纸、羽毛笔的时期;从手工方法使用纸和印刷术到19世纪初这个时期,也就是宗教改革到法国启蒙运动的时期;从19世纪初的机制纸和动力印刷机到19世纪后半叶木浆造纸的时期;电影发展的赛璐珞时期;最后是20世纪30、40年代的现在的电台广播时期。①

伊尼斯从媒介技术对历史进行审视的看法并不是完全独创。在马克思那里,世界历史就是一部人类生产力发展突破生产关系的约束史。而生产力表现为人类对工具的使用,这当然包含了伊尼斯所说的各种媒介技术。或者可以说,伊尼斯是马克思唯物历史观的不自觉应用者。同样,汤因比在《历史哲学》中也表达了对历史发展的物质要素的重视。当然,伊尼斯的独创性是不容忽视的。他是第一位试图严格按照传播媒介来对世界史进行分期和研究的人。由于媒介之间历史的相互重叠和应用的互相干预,所以伊尼斯的世界史断代必然不是那么明晰。我们从上引文可以看到,他对中国历史的处理就呈现比较尴尬的境况。因为事实上,历史无论如何不能做线性处理,尤其是单线处理,而应该视为一个相互交缠的网络。

---

① Harold A.Innis, *The Bias of Communication* (*Second Edition*) , University of Toronto Press, 2008: 3.参见哈罗德·伊尼斯:《传播的偏向》,何道宽译,北京:中国人民大学出版社,2003年,第1—2页。

2. 当代传播媒介导致的问题

如前所述,伊尼斯的学术旨趣一直是解决人类文明的危机。正如克里斯琴所指出的那样"英尼斯的真正兴趣在于根本的政治和文化问题,而对传播的研究,在一定程度上只是解决更重要问题的工具"①。这个更重要的问题就是人类文明的危机问题。这当然一方面由于他所处的加拿大的政治历史状况,另一方面也由于当时普遍存在于西方资本主义世界的经济和精神危机。显然,伊尼斯对历史上各"帝国"的兴衰的考察,实际上是为处理当前帝国面对的问题来做准备。在回顾了传播媒介对各帝国的影响之后,伊尼斯就进入主题了。首先他认为印刷工业导致了现代西方文明的危机。他说,"印刷术和摄影术是视觉本位的传播。这种传播产生的垄断,给西方文明构成毁灭性的威胁,先是战争的威胁,后是和平的威胁"②。接着,令人称奇的是,伊尼斯天才地发现了视觉传播反而会促进听觉传播。他谈到了广播和喇叭在政治活动中的重要作用。比如罗斯福和希特勒等政治人物使用广播进行竞选活动。尤其是在第二次世界大战中,广播和喇叭用于宣传工作,给德国人带来了逼真的印象,相信德国在战争中处于有利地位。然而,最后"真实的感觉带来的就成为最大的灾难"。伊尼斯意味深长地写道"德国人的问题就是西方文明的问题。传播手段的现代发展造就了更加逼真的效果,同时也造成了更大的虚幻"③。而伊尼斯看到了"印刷工业有一个特征:非集中化和地方主义,……。广播传通万里,覆盖广大地区,由于它不受文化程度的限制而打破了阶级界限,有利于集中化和官僚主义"④。伊尼斯认为,当代文化的特征是"肤浅","肤浅"被他视为为了满足更多人需求的"必需之物",被变为"艺术"。广播和电影等制造了肤浅之物,它们又"强加到旧媒介头上,强加到报纸和书籍的头上"⑤。最后导致文明整体的肤浅。总而言之,伊尼

---

① 转引自汤文辉:《媒介与文明——哈罗德·伊尼斯的现代西方文明批判》,桂林:广西师范大学出版社,2013 年,第 22 页。

② Harold A.Innis, *The Bias of Communication*(*Second Edition*), University of Toronto Press,2008:80.参见哈罗德·伊尼斯:《传播的偏向》,何道宽译,北京:中国人民大学出版社,2003 年,第 65 页。

③ Harold A.Innis, *The Bias of Communication*(*Second Edition*), University of Toronto Press,2008:82.参见哈罗德·伊尼斯:《传播的偏向》,何道宽译,北京:中国人民大学出版社,2003 年,第 66 页。

④ Harold A.Innis, *The Bias of Communication*(*Second Edition*), University of Toronto Press,2008:82.参见哈罗德·伊尼斯:《传播的偏向》,何道宽译,北京:中国人民大学出版社,2003 年,第 66 页。

⑤ Harold A.Innis, *The Bias of Communication*(*Second Edition*), University of Toronto Press,2008:82-83.参见哈罗德·伊尼斯:《传播的偏向》,何道宽译,北京:中国人民大学出版社,2003 年,第 66 页。

斯认为西方文明问题在于它源自印刷技术的肤浅。显然,印刷技术本身也有偏向,它是强调空间而忽略时间的,这导致时间偏向和空间偏向的不平衡。在伊尼斯看来,一个文明要健康发展,必须将空间偏向与时间偏向进行平衡。所以他推崇能够将空间偏向和时间偏向进行平衡的希腊文明。

(二)媒介的偏向

伊尼斯为人所津津乐道的媒介理论中,最引人注目的要算是他所说的"偏向"问题。伊尼斯的偏向论已经被反复讨论,基本内容较为清晰。首先,伊尼斯在《传播的偏向》中对他所论述的两种偏向进行了非常清晰的论述:

> 我准备探讨一下传播对文化特质消长的意义。传播媒介对知识在时间和空间中的传播产生重要影响,因此有必要研究传播的特征,目的是评估传播在文化背景中的影响。根据传播媒介的特征,某种媒介可能更加适合知识在时间上的纵向传播,而不是适合知识在空间中的横向传播,尤其是该媒介笨重而耐久,不适合运输的时候;它也可能更加适合知识在空间中的横向传播,而不是适合知识在时间上的纵向传播,尤其是该媒介轻巧而便于运输的时候。所谓媒介或倚重时间或倚重空间,其涵义是:对于它所在的文化,它的重要性有这样或那样的偏向。①

在《帝国与传播》中伊尼斯对时间和空间媒介进行了这样的论述:

> 时间观念和空间观念反映媒介对文明的重要意义。倚重时间的媒介,其性质耐久,羊皮纸、黏土和石头即为其例。这些笨重的材料适合建筑和雕塑。倚重空间的媒介。有些材料耐久比较逊色,质地比较轻(比如莎草纸和纸)。后者适合广袤地区的治理和贸易。罗马人征服埃及之后,莎草纸的供应源不绝,成为一个庞大帝国行政管理的基础。(倚重时间的材料,有利于分散和分层性质的体系。)与此相反,倚重空间的材料,有利于集中化,有利于分层性质不太明显的行政体制。②

---

① Harold A.Innis,*The Bias of Communication*(*Second Edition*),University of Toronto Press,2008:33.参见哈罗德·伊尼斯:《传播的偏向》,何道宽译,北京:中国人民大学出版社,2003年,第27页。

② 参见哈罗德·伊尼斯:《帝国与传播(中文修订版·英文双语版)》,何道宽译,北京:中国传媒大学出版社,2013年,第38页。括号内的内容为笔者依据本版本所附英文版加入。

因此,伊尼斯将传播媒介分为两类:偏重于时间的媒介和偏重于空间的媒介。在总体比较之后,伊尼斯还在《帝国与传播》和《传播的偏向》中对这两大类媒介具体包含的媒介内容和特性进行了详细论述。下面我们引用何道宽先生的总结①:

倚重时间的媒介	倚重空间的媒介
笨重	轻便
耐久	难以保存
非集中化	集中化
有利于宗教的传承	有利于帝国的扩张
倚重视觉	倚重听觉
倚重口头传统	倚重书面传统
石刻象形文字	原始拼音文字
泥版楔形文字	原始拼音文字
汉字	机器印刷的拼音文字
羊皮纸	莎草纸
书籍	电报、广播

伊尼斯之所以研究传播的偏向,是因为"我们生活其间的文化有一定的偏向"。所以伊尼斯对传播偏向的研究,首先是可以了解其他文明的偏向,最终目的是了解西方文化的偏向。经过研究,他发现了西方文化面临的威胁,即丧失了空间观念和时间观念的平衡。故而他痛感希腊传统的消亡,因为希腊的口头传统既倚重时间,又倚重空间。

传播媒介会对政体、文明产生影响,伊尼斯在著作中举了大量的例子雄辩地论证了这一点。媒介不仅传递信息,而且还加工信息,这也启发了麦克卢汉的"媒介即信息"。对我们而言,伊尼斯的最大价值不在于解释各个以往帝国由于某种传播媒介而导致的文明形态的变化发展,而在于其通过媒介—知识—权力的逻辑所揭示的文化整体的深层机制。

伊尼斯的媒介论的基本内容就是这些,下面我们将基于伊尼斯的媒介理论分析其媒介理论中所隐藏的美学内容。我们的讨论分为三个问题:第一,依据伊尼斯提出的传播媒介对文明史的影响这一原则,讨论传播媒介口语、文字、印刷

---

① [加]哈罗德·伊尼斯:《帝国与传播(中文修订版·英文双语版)》,何道宽译,北京:中国传媒大学出版社,2013年,"译者序"第14页。

和广播四大阶段的审美趣味。第二,依据伊尼斯所区分的媒介的时间和空间偏向,讨论时间和空间传播媒介的不同审美偏向。第三,伊尼斯将时间与空间的平衡态视为传播媒介的理想状态,我们将讨论"平衡"这一伊尼斯的美的理想。下面的第三、四、五节内容将分别进行处理。

第三节　传播媒介与审美趣味变迁

伊尼斯认为,传播媒介的发展将引发知识传播方式和政权组织形式的变化,引发世俗政权和宗教政权的斗争。在如此宏阔的论述中,作为文化潜流的审美趣味没有被伊尼斯所注意。他在论述各种新兴技术或媒介产品出现之后引发不同文明的变化或断裂,仅从这些传播技术或媒介对文明共同体的平衡的破坏来考察其具有空间抑或时间性。我们注意到他对媒介与文明的分期,其实也展现了被文明巨变所掩盖的审美趣味的变迁。伊尼斯考察了诸多媒介,按照他在《传播的偏向》中从媒介对文明进行分类时所列举的内容,有泥版、硬笔、楔形文字、莎草纸、软笔、象形文字、苇管笔、字母表、羊皮纸、羽毛笔、印刷术之前的纸、印刷术时期的纸、机制纸、动力印刷机、木浆造纸、电影、电台广播等①。伊尼斯对这些媒介一一进行了讨论。这样的讨论优点是非常详尽,缺点是面面俱到,难免让读者无法分清主次,无法抓住文明进程中最为关键的媒介力量。为了让读者更清楚自己所论述媒介的主要核心内容,伊尼斯在《帝国与传播》中引用了布赖斯对西方文明的看法。布赖斯认为文明的发展经历了一个从聚合—分裂—聚合的过程。这是一个反复的历史震荡:"从美尼斯到阿提拉,总的趋势是走向聚合:古代国家的历史告诉我们,不仅许许多多的小王国和共和国被罗马帝国吞并,而且罗马帝国本身也比过去的任何一个帝国都更加走向集中。罗马人的政权崩溃之后,这个走向被颠倒过来。在 700 多年的时间里,离心力大行其道……从 13 世纪开始,潮流又颠倒过来……民主制度也好,民族国家的原则也好,在平衡的情况下,都未能阻挡走向聚合的总体趋势。这是过去 600 年间

---

① Harold A.Innis,*The Bias of Communication*(*Second Edition*),University of Toronto Press,2008:3.参见哈罗德·伊尼斯:《传播的偏向》,何道宽译,北京:中国人民大学出版社,2003 年,第1—2 页。

的显著特征。"①伊尼斯对此深表赞同,他进一步用媒介对布赖斯所谓的"离心力和向心力"进行总结,认为历史"首先是黏土和莎草纸为主媒介的阶段,其次是羊皮纸为主的阶段,再次是以纸为主的阶段"②。进一步,他说"为求方便,我们可以把西方历史分为文字和印刷两个时期"③,同时他还提醒我们,在文字之前还有一个口语阶段,而我们"往往忽视口语的重要意义,忘记口语词不留什么痕迹"④。那么根据伊尼斯的这些论述,我们可以认为,伊尼斯虽然讨论了如此多的传播媒介以及技术工具,但可以从文明的角度反过来考察媒介,将其分为口语、文字、印刷和广播四个阶段。那么我们对伊尼斯的传播媒介的审美考察也可以分为口语、文字、印刷和广播四个阶段。

一、口语阶段的审美趣味

伊尼斯特别推崇希腊的口语传统,他将其视为拯救西方空间偏向的良方。在《帝国与传播》与《传播的偏向》中有大量对口语传播的论述。尤其集中在《帝国与传播》第四章《口头传统与希腊文明》。首先,伊尼斯谈到了字母表的强大力量。本章开篇,伊尼斯就强调了字母表的力量:"灵活的字母表有助于阿拉姆语、腓尼基语和希伯来语的传播,促进了印欧语系语言文学的发展。后来西方政治帝国的问题,尾随着这个字母表的适应力而起起落落"⑤。继而他通过对西方前希腊史的回顾,解释字母表对政治组织的影响。包括埃及、巴比伦、亚述、迦太基和波斯等帝国的发展都与字母表密不可分。接着,伊尼斯谈到了希腊。希腊也用的是字母表,它并没有束缚口头传统,相反却适应了后者的需要。伊尼斯指出,希腊人的"书面语成为适应口头传统需要的工具,字母表的使用意味着对语

---

① ［加］哈罗德·伊尼斯:《帝国与传播(中文修订版·英文双语版)》,何道宽译,北京:中国传媒大学出版社,2013年,第38页。

② ［加］哈罗德·伊尼斯:《帝国与传播(中文修订版·英文双语版)》,何道宽译,北京:中国传媒大学出版社,2013年,第38页。

③ ［加］哈罗德·伊尼斯:《帝国与传播(中文修订版·英文双语版)》,何道宽译,北京:中国传媒大学出版社,2013年,第38页。

④ ［加］哈罗德·伊尼斯:《帝国与传播(中文修订版·英文双语版)》,何道宽译,北京:中国传媒大学出版社,2013年,第39页。

⑤ ［加］哈罗德·伊尼斯:《帝国与传播(中文修订版·英文双语版)》,何道宽译,北京:中国传媒大学出版社,2013年,第83页。

音而不是对视觉的关注,对耳朵而不是对眼睛的关注"①。伊尼斯详细分析了希腊口头传统对希腊哲学、艺术、法律、政治等领域的影响。在第四章最后,作为总结,伊尼斯说,"希腊人的口头传统强大,字母表灵活。这使他们能够抵御东方帝国的倾向,不至于走上绝对权威的君主制和神权政治"②。那么到底希腊口头传统带来了哪些审美趣味?

首先,口头传统激发审美个性。口语传统强调个人表达力,是个人表述风格的最佳载体。而文字尤其是印刷文字则是"制式"工具,它垄断了个人的自由表达。关于使用文字的后果,伊尼斯引用苏格拉底在《斐德罗篇》中阿蒙神的话:"你发明的文字使习字人的心灵患上健忘症,因为他们不再使用自己的记忆;他们会相信外在的文字,记不得自己。你发明的这个特别有效的东西不能够帮助记忆,只能是帮助回忆"③。阿蒙神的意见也是苏格拉底的意见,即文字会减弱个人的记忆力。只是"回忆"而非"记忆"。关键点在这里,"回忆"是外在的,而"记忆"是内在的。前者是依靠文字的反复,而后者是依靠个人内在的力量。这是一个人凸显其"前理解"的地方,在这一理解的内在模式的外化中,个人可能获得一种对外在事物的真理性认识,同时也伴随着使用自身本质力量(马克思的意义上)的审美愉快。看来,伊尼斯对阿蒙神此段话的强调已经向我们揭示了:其一,口语表现的内容更贴近人的内在理解,而绝非外在的反复练习获得的内容。所以它更真实,更能带给人真理。其二,从人的展现自身本质力量的角度看,使用口语会获得对自身力量的肯定,而非似是而非的对外在对象的重复。阿蒙神的教导也对使用文字的结果认识得很清楚,如果你不说话,使用文字教导学生,那么你"传授给学生的不是真理,而是近似真理的东西;他们能记住许多东西,但是学不到任何东西;表面上他们似乎什么都懂,但实际上什么也不懂;他们是令人讨厌的伙伴,有智慧的显露,无实际的货色"④。所以苏格拉底采用对话

---

① Harold A.Innis, *The Bias of Communication*(*Second Edition*),University of Toronto Press,2008:41.参见哈罗德·伊尼斯:《传播的偏向》,何道宽译,北京:中国人民大学出版社,2003 年,第 33 页。

② [加]哈罗德·伊尼斯:《帝国与传播(中文修订版·英文双语版)》,何道宽译,北京:中国传媒大学出版社,2013 年,第 108 页。

③ [加]哈罗德·伊尼斯:《帝国与传播(中文修订版·英文双语版)》,何道宽译,北京:中国传媒大学出版社,2013 年,第 85 页。

④ [加]哈罗德·伊尼斯:《帝国与传播(中文修订版·英文双语版)》,何道宽译,北京:中国传媒大学出版社,2013 年,第 86 页。

形态来促进对话者真正的智慧的形成。

其次，口头传统激发人的综合审美能力。口头传统基于口耳相传的模态来进行信息的传递。它依赖口头表达力、听觉接受和视觉能力。正如伊尼斯所说"在口耳相传中，眼睛、耳朵、大脑以及各感官都协同动作，在功能上互相引导、刺激和补充"①。口头传统是对人的各种感官的综合使用，这与文字传统逐步开始偏向视觉完全不同。伊尼斯回顾了苏格拉底、柏拉图和亚里士多德的艺术风格，向我们揭示希腊口头传统向文字转换的过程。伊尼斯认为苏格拉底"是口头传统产生的最后一位伟人，也是最后一位阐述口语传统的人"②。而柏拉图使用对话的形式，其文处于诗歌和散文之间。与亚里士多德《诗学》这样的逻辑严密的著作相比，柏拉图作品中的口头风格非常明显。但是在柏拉图后期，已经显示出为了表达内容而使形式向文字势力的屈服。在其《伊安篇》中可见其技术诗学的主题，这在方法上就需要对逻辑和文字力量的倚重。而对于亚里士多德这些倚重逻辑的著作，伊尼斯认为亚里士多德的写作"实际上放弃了文学活动"，"口语词的力量急剧减弱，且成为混乱的源泉"。进而"在亚里士多德的影响下，书面传统得到延伸，其表现是他发起搜集和保存书籍的运动"③。这样的结果是散文战胜了诗歌，书面传统战胜了口头传统。伊尼斯对此深表遗憾，他将之称为"口头传统的悲剧"，认为这场悲剧的代表事件就是雅典的衰落和苏格拉底的被处死。同样，口头传统更与印刷机时代生产的机械文字不同。它更灵活和自由。总之，按照伊尼斯，口头传统是一个综合感官的传统，是多媒介的融合的传统，它给身处其中的人带来的是全面的感官把握。而机械文字造就的是感觉的垄断，进而造成人的完整感觉的分裂。感觉的分裂将造成审美的分裂。这也是近代以来哲学家们讨论人性和文明问题时为何总将其与审美问题相结合的原因。因为一个令人感觉分裂的媒介环境，将造就一个分裂的审美模式，将导致身处其中的人的审美困境。伊尼斯对希腊口头传统的推崇也在近代哲学家那里被继承。其中最有代表性的就是席勒。他认为近代文明的问题根源在于人性的

① Harold A.Innis, *The Bias of Communication*(*Second Edition*), University of Toronto Press, 2008: 105.参见哈罗德·伊尼斯：《传播的偏向》，何道宽译，北京：中国人民大学出版社，2003年，第86页。

② ［加］哈罗德·伊尼斯：《帝国与传播（中文修订版·英文双语版）》，何道宽译，北京：中国传媒大学出版社，2013年，第86页。

③ ［加］哈罗德·伊尼斯：《帝国与传播（中文修订版·英文双语版）》，何道宽译，北京：中国传媒大学出版社，2013年，第87页。

分裂,即他说的感性冲动与理性冲动之间的无法和谐共处。要解决这个问题,席勒提出了"审美冲动",这一审美解决之所以被席勒认为具有可行性,正在于席勒将希腊文明视为审美冲动的理想模板。认为希腊人达到了感性冲动和理性冲动的融合。这与伊尼斯强调希腊口头传统是人的感性综合有异曲同工之妙。

二、文字阶段的审美趣味

文字阶段是人类文明发展的一个重要阶段。不可否认文字对人类文明的积极意义。然而在伊尼斯这里,文字的出现对人类而言却并非好事。他首先谈到的是书面文字传统在希腊后期的崛起。如前所述,伊尼斯认为希腊的繁荣基础在于发达的口头传统。而到了亚里士多德,口头传统已经开始被书面传统所取代。伊尼斯专门提到了散文对诗歌的胜利。前者代表书面传统,后者是口头传统。他认为,"散文战胜诗歌,标志着希腊文明的一个根本变化。文字的传播毁灭了一个建立在口头传统上的文明"[①]。那么,伊尼斯为什么如此看待文字的传播?为什么他对文字传播的态度与一般文明史家对文字的积极肯定的看法不同?这一切都源于他对于希腊口头传统的看法,即希腊口头传统既有空间偏向又有时间偏向,是一个理想的传播媒介。而文字传播则不然,它是依赖于各种其他媒介的传播手段,比如石头、铜器、莎草纸、羊皮纸等。按照伊尼斯的看法,文字到底是空间媒介还是时间媒介需要考察这些承载文字的媒介。比如石头上的文字,因为它不易传播,但是它可以流传长久,所以它是时间媒介。而在莎草纸上的文字,因为它易于传播,但不能保存很久,所以它是空间媒介。因此我们不能笼统说文字传播是什么偏向。这一点伊尼斯进行了很多论述。如在《帝国与传播》第五章,伊尼斯就以罗马帝国为例来讨论文字传统与帝国的关系。他以雄辩的资料和充分的论述告诉我们,罗马帝国的延续在于从希腊口头传统中引申出的文字传统。这一文字传统是将应用莎草纸与应用羊皮纸相结合。因为前者是时间偏向的媒介,后者是空间偏向的媒介。罗马帝国之所以能够延续长久正因为其能够平衡时间偏向和空间偏向。我们对文字阶段审美趣味的讨论必然

---

① [加]哈罗德·伊尼斯:《帝国与传播(中文修订版·英文双语版)》,何道宽译,北京:中国传媒大学出版社,2013年,第87页。

要涉及文字的空间偏向或时间偏向。

首先,文字传统虽然较口头传统更有利于逻辑思考和表述,刺激罗马成文法和罗马帝国的发展,但其重逻辑轻感觉的倾向特别明显。文字传统因此隐藏了对审美的内在否定。我们这一看法是将文字传统与口头传统相比较而得到的。因为口语容许重复、反复、错误,而书面文字则不容许重复和错误。它需要结构合理,语言准确,逻辑清晰。用亚里士多德论悲剧的话来说,它必须具有"整体性"。亚里士多德的作品之所以具有力量,成为中世纪以后西方世界视为珍宝的精神财富,一个重要的原因在于其采用了伊尼斯所说的散文写作方法。我们注意到这样的写作的价值,也不否认文字的逻辑性和准确性。我们只是想强调,在这样的结构、准确、清晰之下,是对活泼的自由表达的压抑。其审美趣味是呆板的、僵硬的。这也正是民间口头传统至今不绝的原因。因为它们保存了活泼生动的即时交流的可能,而非只见字不见人的交流。

其次,文字传统开始使我们的审美偏向视觉器官。无论是刻在石头上、刻在甲骨上、用笔写在各种纸上,文字的传播都要使用视觉器官。而伊尼斯所推崇的感官的平衡就无从谈起。口头传播时代不是不需要视觉,它也需要对话者之间的视觉支持。然而,它的交流是一个整体性的交流。而非单一感官的交流。文字传播就不同,在交流过程中,伊尼斯所说的整体性把握无从谈起。因为它只是用视觉感觉就够了。甚至我们知道,在阅读文字的过程中还要刻意压抑听觉等其他感官来获得更好的视觉阅读效果。因此,从美学接受上看,视觉和听觉这两大审美感官产生了明显的不平等。如果将视听合一视为审美接受最为有利的状态,那么文字传播倚重视觉无论如何不能被视为审美接受的最佳选择。故而,我们中国文字和文学传统极力纠正这一偏向。这是伊尼斯所没有注意到的。他虽然提到中国,但只是谈到我们发明的纸。并没有注意到中国诗歌和散文传统中对他的传播论最为有益的内容。这就是我们的诗词歌赋的审美从来都不是视觉问题,而是一个需要调动个审美器官的综合性审美过程。中国古代文论家钟嵘提出的"滋味"说,似乎应该被伊尼斯所认同。

三、印刷阶段的审美趣味

印刷阶段看起来似乎与文字阶段并无不同,然而事实上印刷机器的出现对于文字传播而言并不是一般认为的锦上添花,而是一次完全不同的进步。麦克卢汉的《谷登堡星汉璀璨》对印刷术问题进行了详细讨论。我们下文详述。同样作为媒介生态学代表人物的伊丽莎白·爱森斯坦(Elizabeth Eisenstein)的巨著《作为变革动因的印刷机——早期近代欧洲的传播与文化变革》也对印刷术进行了研究。此书 70 余万字,是截至目前讨论印刷术的最权威专著。与伊尼斯和麦克卢汉相呼应的是,爱森斯坦明确将印刷术作为一种超越技术本身的力量,正如她所使用的"作为变革动因"一语所提示的那样。她在书中讨论了印刷术的文化特征:包括"从早期机印书到成熟机印书的演变,印刷术的标准化效应,资料的检索、整理、编订和分类,对错讹抄本的矫正,印刷术的保存功能和积累功能,印刷术对社会语言分割的强化作用和持久影响,从聆听型公众到阅读型公众的转化,机印书贸易对国际学术共同体的促成作用"①。她还讨论了印刷术对文艺复兴、宗教改革、近代科学三大领域的影响。本书不一一赘述。伊尼斯在《帝国与传播》的第七章《纸张与印刷机》中对印刷机的作用进行了简单回顾。他指出印刷机对宗教的影响,它通过印刷大量的《圣经》扩大了宗教的影响,但也同时对基督教内的改革派提供了宣传的舞台。同时,印刷术也促进了知识的进步,推翻了依托羊皮纸的僧侣们对知识的垄断。一大批诗人、哲学家的著作正是因为印刷术才得以快速被大众了解和扩散。各民族的通俗语也通过印刷术开始形成。印刷术还对帝国的扩张和民族国家的形成发挥了巨大作用。这主要是通过印刷术所支持的报纸、广告等传播媒介的扩张。伊尼斯尤其讨论了各国新闻传播业的发展,揭示了印刷术带来的报业与政治和经济之间的关系。

印刷机的巨大力量不仅表现在上述领域,而且我们还应注意它所隐藏的审美变迁。我们不否认印刷术具有的反对知识垄断、促进宗教改革和推动科学进步的力量。但这一技术给我们带来了一些审美变革。

首先,印刷技术的规范化操作带来的标准化审美。因为印刷术这一技术本身就是一个规范化操作的产物。我们以印刷术使用的字钉为例。伊尼斯在《纸张与印刷机》的开始,就从技术史角度讨论了印刷技术的发展,其中提到了字钉的选择和生产技术。早期的印刷机印刷的书籍要完美复制手抄本的效果,所以

---

① [美]伊丽莎白·爱森斯坦:《作为变革动因的印刷机——早期近代欧洲的传播与文化变革》,何道宽译,北京:北京大学出版社,2010 年,"译序"第 5 页。

印刷商选择的字钉要尽量"像"手抄本的字体。这就是伊尼斯所说的,"为了摹仿手抄本,印刷商必须要生产与各种字体对应的字钉,不同的字体形成于不同的地区"①。伊尼斯对欧洲各地所选择的字钉进行了介绍,"德国以哥特字体和哥特字钉为主导。意大利以罗马字体为主导,罗马字体是在古典的文艺复兴中形成的。威尼斯是希腊抄本的交易中心,在阿尔杜斯(Aldus)的影响下,它又成为希腊字钉的生产中心……后来它又使用更加紧凑的意大利字体,这种字体的基础是梵蒂冈法庭使用的字体"②。我们注意到,为了印刷速度的提升,印刷技术进行了多次改革。那么字钉的选择也不例外。本来手抄本的字体是无数抄书人自身的书写特征所决定的,各有各自的风格。在中国,书写甚至还成为一门艺术,具有独特的美感。而由于印刷技术追求制造字钉的速度和印刷书籍的效率,不可能使用某一种个性化的书写方式,即采用某一种个性化的字钉。结果就是,无数抄书人的书写被一种规范化的字体所取代。而读者也逐步适应了这种任何书籍都是千篇一律的字体(就如同我现在使用"宋体")的状况。久而久之我们甚至觉得手写的字看起来不方便。因为我们的心理辨识机制已经默认了这种字体,它最喜欢识别这种字体,看到别的字体反而不习惯了。这就是我所说的印刷带来的规范化审美。作为中国人,我们应该为我们保留的书法艺术感到幸运。虽然伊尼斯认为"中国的情况迥然不同。汉字需要政府支持的大规模经营"③,他仅仅看到了中国汉字导致的印刷技术难以普及,没有看到中国汉字书写的个性化带来的审美趣味。

其次,印刷术对大众的呼唤带来了审美趋同性。无论是文艺复兴、宗教改革和科学革命,伊尼斯谈到的印刷术的文化影响其实都可以归结为一点,即印刷术可以呼唤大众。因为印刷技术本来的设计就是要快速复制字钉,得到一个廉价的仿本。动力系统、字钉、排字系统、油墨都是为了"快速复制"服务的。抄书虽然也是一种复制,但是其成本过高,而抄书行会又可以选择内容,形成实质上的知识垄断。这样一来,抄本就只能是少数人才能享受的奢侈品。印刷术成功以

---

①　[加]哈罗德·伊尼斯:《帝国与传播(中文修订版·英文双语版)》,何道宽译,北京:中国传媒大学出版社,2013年,第177页。

②　[加]哈罗德·伊尼斯:《帝国与传播(中文修订版·英文双语版)》,何道宽译,北京:中国传媒大学出版社,2013年,第177页。

③　[加]哈罗德·伊尼斯:《帝国与传播(中文修订版·英文双语版)》,何道宽译,北京:中国传媒大学出版社,2013年,第176页。

后,是对教会和抄书行会知识垄断的打破。结果书籍的价格大大降低,内容上也更为丰富多彩。以前不可能抄写的通俗小说也可以大量印制,这些都增加了大众选择的余地。当然很快就不需要选择了,因为印刷商又形成了新的垄断。无论如何,呼唤大众是印刷商无论如何都要达成的目的。他印《圣经》、报纸、政治小册子、广告小册子,他的目的都是让大众愿意选择。那么呼唤大众选择印刷品的结果是什么? 是通过利益考量,在经济驱动下的出版行为。比如因为美国没有版权保护法,出版社就将英国本土的小说大量走私到美国,"涉及的作家有安斯沃斯、狄更斯、柯林斯、萨克雷和特罗洛普等"①。这样美国读者的小说审美就带有了英国味道。再比如广告业伴随着印刷术的发展史。随着广告成为报业的大赞助商,广告商对报纸的争夺也越来越严重。广告审美趣味也逐步通过报纸和广告小册子扩散到大众心理。这样,本来个性化的审美趣味,被大众媒介规范为"主流"的东西,就如同著名的商品商标那样,永远为少数几个大品牌所把持。总而言之,印刷技术的结果:流行书籍、报纸、小册子等,都面对的是一个抽象的"大多数人",他们也只能面对"大多数人"。这样,反过来,大多数人就被印刷技术塑造为了一个审美整体,而这恰恰与审美的个性化需求相违背。伊尼斯将其视为对人的思想的分裂,他说,"印刷术着力于通俗语,减弱思想的运动速度,分裂欧洲人的思想","甚至科学也受到印刷术的影响。由于科学倚重俗语和翻译,它也受到知识垄断的影响。这些垄断表现为专利、秘密工艺和军事'安全'措施"②。

四、广播阶段的审美趣味

伊尼斯对广播阶段讨论的比较少。英年早逝的他没有来得及发现广播乃至麦克卢汉所说的"电力媒介"的力量。不过,就仅有的伊尼斯对广播的讨论来看,他并不认同广播的传播价值。在《传播的偏向》的第三章"时间的诉求"中,他如此批评广播:"广播传通万里,覆盖广大地区,由于它不受文化程度的限制

---

① [加]哈罗德·伊尼斯:《帝国与传播(中文修订版·英文双语版)》,何道宽译,北京:中国传媒大学出版社,2013 年,第 198—199 页。

② Harold A.Innis,*The Bias of Communication*(*Second Edition*),University of Toronto Press,2008:129.参见哈罗德·伊尼斯:《传播的偏向》,何道宽译,北京:中国人民大学出版社,2003 年,第103 页。

而打破了阶级界限,有利于集中化和官僚主义。一个人可以同时向众多操统一语言的人讲话,还可以通过翻译间接地对操其他语言的人讲话,虽然效果比较逊色。以语言为基础划分了新的分割界限,在同一语言内部,集中化和亲和性令人瞩目。语言群体内部的稳定性更加清晰,语言群体之间的非稳定性更加危险"①。以往我们都将伊尼斯的看法视为偏见。比如麦克卢汉就认为伊尼斯在广播的问题上犯了错误,他认为广播是非集中化而非集中化媒介。在麦克卢汉给《传播的偏向》所作的序言中,批评伊尼斯对电子技术视而不见,认为伊尼斯"把广播和电子技术误认为是机械技术模式的进一步延伸"②。他说伊尼斯"没有忠实自己的方法。他举了历史上很多例子,说明眼睛的空间约束力和耳朵的时间约束力。此后,他却畏缩不前,没有能够把广播功能的结构原理贯彻到底。突然之间,他从广播的听觉世界转入视觉世界的轨道,把眼睛和视觉文化的一切集中化力量都套到广播的头上。在此,伊尼斯受到了他那个时代普遍共识的误导。正如其他一切电子媒介一样,电光和电能在心理和社会影响上具有深刻的非集中化和分离的作用"③。我不同意他的看法。首先,伊尼斯并没有把眼睛和视觉视为集中化的力量。伊尼斯认为"技术发明,是为了适应传播垄断的保守传统,其后果是给公共舆论和政治组织造成动荡。印刷机及相关的发明,包括插图技术的进步,都是指向借助眼睛的传播。它引起的后果,是强调地方主义和非集中化。这些技术的改良,是为了适应对辽阔地域的控制。印刷机及其相关的技术改良的后果,是时间和连续性的摧毁。广播这种新媒体是一个挑战,它诉诸人的耳朵,而不是人的眼睛,因此它强调的是集中化"④。伊尼斯在另外的地方也明确指出"印刷工业有一个特征:非集中化和地方主义,西方世界的民族主义分歧就是其表现,国家内部的地区分割和不稳定也是其表现"⑤。总而言之,伊

---

① Harold A.Innis, *The Bias of Communication*(*Second Edition*), University of Toronto Press, 2008: 82.参见哈罗德·伊尼斯:《传播的偏向》,何道宽译,北京:中国人民大学出版社,2003年,第66页。

② 哈罗德·伊尼斯:《传播的偏向》,何道宽译,北京:中国人民大学出版社,2003年,"麦克卢汉序言"第5页。

③ [加]哈罗德·伊尼斯:《传播的偏向》,何道宽译,北京:中国人民大学出版社,2003年,"麦克卢汉序言"第5页。

④ Harold A.Innis, *The Bias of Communication*(*Second Edition*), University of Toronto Press, 2008: 187-188.参见哈罗德·伊尼斯:《传播的偏向》,何道宽译,北京:中国人民大学出版社,2003年,第155页。

⑤ Harold A.Innis, *The Bias of Communication*(*Second Edition*), University of Toronto Press, 2008: 82.参见哈罗德·伊尼斯:《传播的偏向》,何道宽译,北京:中国人民大学出版社,2003年,第66页。

尼斯认为广播依托听觉,强调的是集中化,印刷报纸依托的是视觉,强调的是地方主义和非集中化。麦克卢汉却将眼睛和视觉文化理解为集中化,这与伊尼斯是不相符的。其次,他们之间的分歧在于,伊尼斯将广播视为机械技术的延续,而麦克卢汉将广播视为电子技术的开端。其实问题的实质就在对广播的定位上。伊尼斯看到的广播,是对口语力量的机械延伸和放大。所以他对政治活动使用广播十分敏感,认为它破坏了时空的平衡。广播是一种集中化的力量。这是从政治的角度而言的。从伊尼斯举广播在美国选举、德国战争宣传等例子可以看出。而麦克卢汉的广播是强调广播技术本身具有的电子性,是与机械文化完全不同的文化类型。正如麦克卢汉揭示的,这种电子文化是非集中的,是支持地方性和反集中化过程的新文化。所以他们两位对广播的视角不同,导致对广播在媒介史中的定位不同。

麦克卢汉对广播等电子技术的审美倾向我们下文讨论,这里我们谈谈伊尼斯将广播视为集中化力量的审美价值。

首先,就是广播带来的审美幻觉。与眼睛不同,耳朵更能深入人的内在感知。眼睛是有角度、有选择的,光线只能有限地对人环绕。耳朵是无死角,是全方位立体的,声波笼罩性地对人进行环绕。所以在伊尼斯看来,将口头的理论假设广播的巨大传播能力,将更容易进行对人的明显控制。如他所说,无论德国军队在战场如何失利也无法改变德国政府通过广播向德国大众宣传胜利。"德国人的问题就是西方文明的问题。传播手段的现代发展造就了更加逼真的效果,同时也造成了更大的虚幻"[①]。这就是为何伊尼斯认为广播带来集中性。如果我们再联系苏联等集权国家对高音喇叭的大规模使用,就更能明白广播的集中性为何意。

其次,广播带来审美的娱乐化。如上所述,印刷术带来了审美的规范化和趋同性。伊尼斯提出了制造"肤浅之物"的说法来批评印刷术带来的副作用。"广播使短暂肤浅之物增加了重要性"[②]。因为如果说文字印刷品还要面对识字的读者,那么广播扩大了受众范围。对于这一媒介,"文盲状况不再是严重的障

---

① Harold A.Innis, *The Bias of Communication* (*Second Edition*), University of Toronto Press, 2008: 82.参见哈罗德·伊尼斯:《传播的偏向》,何道宽译,北京:中国人民大学出版社,2003 年,第 66 页。

② Harold A.Innis, *The Bias of Communication* (*Second Edition*), University of Toronto Press, 2008: 82.参见哈罗德·伊尼斯:《传播的偏向》,何道宽译,北京:中国人民大学出版社,2003 年,第 66 页。

碍"。那么结果就是广播在印刷品的审美规范化和趋同性的道路上走得更远，"寻找娱乐成为电影和广播必不可少的追求"。我之所以认为广播带来审美的娱乐化而不是印刷术阶段带来娱乐化，是因为娱乐化是对文字的否定。理解活动只要是基于书面文字总是严肃的，因为它要依托人的理性和逻辑。然而广播不需要文字，它只依靠耳朵，会说话的人都会听得懂。因此广播出现才有了真正的大众审美的娱乐化。口语阶段之所以没有娱乐化，是因为口头阶段传播虽然也是无文字的口耳相传，但其内容如神话和史诗不是故事，而是被视为事实。我们知道，事实是不能用来娱乐的，只有叙述的故事才能。

第四节　传播媒介的时空审美偏向

伊尼斯详细论述了媒介的时空偏向。正如伊尼斯所说，"所谓媒介或倚重时间或倚重空间，其含义是：对于它所在的文化，它的重要性有这样或那样的偏向"①。它是对于媒介所在的文化，此种媒介适合知识在时间或空间上的传播。通过研究具有时间或空间偏向的传播媒介，我们试图发现时间或空间偏向的传播媒介具有的不同审美感觉。传播媒介的审美偏向是指对于媒介所在的文化，此种媒介带来何种审美效果。

一、空间媒介的审美效果

1.空间媒介

所谓空间媒介是指有利于在空间上延伸的媒介。伊尼斯在《传播的偏向》中这样描述，"它也可能更加适合知识在空间中的横向传播，而不是适合知识在时间上的纵向传播，尤其是该媒介轻巧而便于运输的时候"②。这样的媒介适合知识在空间中传播，而不适合在时间上传播，所以倚重空间的媒介在物质形态上

---

① Harold A.Innis,*The Bias of Communication*(*Second Edition*),University of Toronto Press,2008：33.参见哈罗德·伊尼斯：《传播的偏向》，何道宽译，北京：中国人民大学出版社，2003 年，第 27 页。

② Harold A.Innis,*The Bias of Communication*(*Second Edition*),University of Toronto Press,2008：33.参见哈罗德·伊尼斯：《传播的偏向》，何道宽译，北京：中国人民大学出版社，2003 年，第 27 页。

必然呈现轻便和难以保存等特征。代表性的空间媒介有原始拼音文字、莎草纸、电报、广播等。当然,一种媒介是哪种媒介,不仅要看自身的性质,还要看使用这一媒介的"媒介环境"。没有媒介是独立起作用的。比如文字,如果将文字刻在石头上,那就是时间偏向的媒介;如果将文字写在莎草纸上,那就是空间偏向的媒介。伊尼斯强调对媒介的审视还需要置入历史语境来考察。一个媒介在刚出现时是进步的理论,解放了新的感觉,创造了新的文明模式。然而随着时间推移,这一媒介必将出现僵化,成为文明衰落的原因。这是因为任何一个媒介都具有偏向,而偏向也就意味着片段化。

2. 空间媒介对当下感觉的崇拜:"专注于当下的执着"

空间媒介意味着对时间的屈服。它只适合在一定时间范围内,短暂且大量地进行传播。比如以莎草纸为载体的文字。屈服于时间不是忽视时间,恰恰相反,屈服于时间是对时间崇拜的失望,一旦无法在时间维度获得永恒,文明则只能将自身投入到当下对瞬间时间的把握。伊尼斯注意到了纸和印刷术的出现带来的"专注于当下的执着",在《传播的偏向》中,伊尼斯这样说:

> 本书关注的是,现代人对时间的执着出现之前,人们对时间的态度有何变化。所谓专注于当下的执着,已经严重扰乱了时间和空间的平衡,并且给西方文明造成了严重的后果。西方对时间的延续问题缺乏兴趣。这就是说,纸和印刷术始终对空间感兴趣。国家感兴趣的始终是领土的扩张,是将文化同一性强加于人民。失去对时间的把握以后,国家情愿诉诸战争,以实现自己眼前的目标。①

伊尼斯认为空间媒介创造的文明是一个空间扩张型文明。而"在西方文明中,稳定的社会需要这样一种知识:时间观念和空间观念维持恰当的平衡"。显然空间扩张型文明是难以长久的。这也是伊尼斯对当代西方文明,尤其是美国霸权主义的批判。这就是伊尼斯所说的西方文明"过"的地方。

伊尼斯在讨论空间媒介的文明时,往往将其与时间媒介的文明相比较,发现

---

① Harold A.Innis,*The Bias of Communication*(*Second Edition*),University of Toronto Press,2008:76.参见哈罗德·伊尼斯:《传播的偏向》,何道宽译,北京:中国人民大学出版社,2003年,第62页。

前者更具有世俗性,而后者往往具有明显的宗教性。伊尼斯将其概括为"宗教组织倚重时间,政治组织倚重空间"①,或这样表述"国家的官僚体制倚重空间,忽略时间。相反,宗教却倚重时间,忽略空间"②。因为宗教组织指向的未来,它对媒介的要求是此媒介必须能克服时间的羁绊。比如石头这样的介质是宗教所喜闻乐见的,因为它可以经历时间的考验而不变,隐藏着对宗教中永恒不变的崇拜。同样,宗教艺术也对媒介有特殊要求,石刻雕塑是宗教艺术的代表。中国著名的几大石窟都是宗教艺术的典范。而与之相反,政治组织面对的是当下的问题,它纠缠于当下的生产事务。为了更好地组织生产、巩固统治,政治组织需要的是可以将整个帝国相联系在一起的传播媒介。这就要求传播媒介具有超越广阔空间的特点。诸如莎草纸这样的介质就被大量采用。从对信息的保存上看,莎草纸并不如羊皮纸。然而其廉价、轻便,可以大规模生产,所以被各个疆域广大的帝国所采用。伊尼斯对罗马帝国的稳定这样分析:"罗马帝国的官僚体制,是依赖羊皮纸的必然结果。但是帝国的稳定有一个前提:官僚体制要与宗经组织融合,而宗教组织又依赖羊皮纸。"③他没有说的是,宗教组织依赖羊皮纸而官僚体制依赖莎草纸,这样才能达成时间偏向和空间偏向的平衡。结果就是他所说的"拜占庭帝国长期不衰,正是由于它求得了时间和空间作用的平衡"④。

伊尼斯的看法是,这样的政治组织重点在如何进行空间的组织而非追求永恒,宗教组织则倾向于对当下的超越和对永恒的追求。我们因此认为空间文明的审美特征是对当下感觉的崇拜,对个体生存的当下价值的认同。正如伊尼斯所转引利维斯《时间与西方人》中的观点:"生活在此刻,为此刻而生活,其实质是驱逐个体生存的连续性。"⑤如果我们将"美学"返回鲍姆加登的《埃斯特惕卡》的"感觉学"之意,那么对空间媒介的感觉研究当然涉及我们的审美问题。

---

① Harold A.Innis, *The Bias of Communication*(*Second Edition*), University of Toronto Press, 2008: 103.参见哈罗德·伊尼斯:《传播的偏向》,何道宽译,北京:中国人民大学出版社,2003 年,第 85 页。

② [加]哈罗德·伊尼斯:《帝国与传播(中文修订版·英文双语版)》,何道宽译,北京:中国传媒大学出版社,2013 年,第 167 页。

③ [加]哈罗德·伊尼斯:《帝国与传播(中文修订版·英文双语版)》,何道宽译,北京:中国传媒大学出版社,2013 年,第 167 页。

④ [加]哈罗德·伊尼斯:《帝国与传播(中文修订版·英文双语版)》,何道宽译,北京:中国传媒大学出版社,2013 年,第 167 页。

⑤ Harold A.Innis, *The Bias of Communication*(*Second Edition*), University of Toronto Press, 2008: 90.参见哈罗德·伊尼斯:《传播的偏向》,何道宽译,北京:中国人民大学出版社,2003 年,第 71 页。

正是感觉的解放成就了当代工业文明,而也正是纸和印刷术的出现,成就了感觉的解放。这是一个相互促进的进程。伊尼斯是反对过分强调"当下的感觉"的。他认为这是"过"的表现,而能够长久的往往是"勿过"。既然这样,那么时间媒介就必然有其审美价值。

二、时间媒介的审美偏向

1. 时间媒介

伊尼斯认为,时间媒介是指"某种媒介可能更加适合知识在时间上的纵向传播,而不是适合知识在空间中的横向传播,尤其是该媒介笨重而耐久,不适合运输的时候"[①]。比如以石头做介质,对其进行加工,令其承载信息和知识。这就是典型的时间媒介。伊尼斯将时间媒介与宗教组织紧密联系。这是因为宗教组织本来解决的就是如何超越当下的问题,所以宗教组织进行传播时,往往乐于使用能够超越时间的媒介。

2. 时间媒介对当下感觉的超越

时间媒介意味着对时间的克服。伊尼斯将宗教组织视为时间文明的典范代表。文明史上各文明所出现的政权组织与宗教组织的斗争,不仅依靠伊尼斯所说的不同媒介,而且通过媒介进行的是对当时人的感觉的争夺。政治组织关注空间,注重当下,所以采用可以迅速扩张的空间媒介。宗教组织关注的不是"当下的感觉",相反,它往往教导我们要克服"当下的感觉",而抵达永恒的彼岸。

对文明而言既需要组织对当下事务的处理,又需要面对超越当下的问题。所以一个能够长久的文明应该是两大系统的结合。处理当下的问题需要空间系统,处理超越性问题需要时间系统。后者必然要依托宗教组织。伊尼斯充分认识到宗教组织的超越性。他在谈到希腊口头传统的时间性问题时指出,"口头传统和宗教宗旨几乎相同。语言是口头传统的生理基础,宗教是确立传统的社会机制。宗教指导并实施人与人的合作,以谋求社区的利益。它维持群体的生

---

① Harold A.Innis,*The Bias of Communication(Second Edition)*,University of Toronto Press,2008:33.参见哈罗德·伊尼斯:《传播的偏向》,何道宽译,北京:中国人民大学出版社,2003 年,第 27 页。

活,造就一个持久的社会组织,使之独立于在世的领袖"①。这里他所说的"合作""维持""持久"等,都十分明确地指出了宗教组织对文明的重大作用。这些作用之所以能够实现,秘密在于宗教组织对个人的吸引力,即对个人未来幸福的许诺。宗教善于利用各种媒介来达到这一效果,比如印刷前文字。文字史按照印刷术的发明为界,可分为印刷前文字和印刷后文字。在口头时代,原始宗教可以借助口头传统与世俗政权相抗衡。在印刷前文字出现以后,文字也成为宗教的助力。伊尼斯指出,"文字作为最彻底的革新,享受着宗教的庇护",因为"每个字都具有深刻的含义,充满神秘和魔力。借助音韵和韵脚背诵并保存下来的语言,后来就成了诗歌。文字和经书联系在一起,就成为神圣的东西,成为权威的原则"②。这里的"文字"是指印刷前文字。因为采用印刷技术之后的文字却反而成为了消解宗教权威的利器。与口语相比较,印刷前文字的出现本来就是要解决如何超越时间的问题。所以当印刷前文字出现,宗教马上注意到它对于时间的超越性,并且支持文字的广泛使用,乃至对文字进行垄断。文字的加工与口头传统一样,是一个不断进行的过程。如伊尼斯所说,这是一个被拼装的历程。"事实变成传说,传说变成神话。故事在流传的过程中变得松散,离开了原来的时间和空间背景。在幻想、激情、偏见、宗教假设和审美本能的作用下,故事一次又一次地被加工和塑造。"③我们注意到了口头传播和文字传播都经历了这一拼装过程,这也是一个传播者进行艺术创作的过程。因为这里存在着艺术活动所必然依赖的各要素:幻想、激情乃至审美本能。既然这样,这样的活动就会脱离当下的事实,指向对当下感觉的超越。

然而,对当下的超越也意味着垄断,即伊尼斯所说的教会对时间的垄断。他指出,西罗马帝国缺乏政治力量,"国家对时间和连续性的控制权,被教会夺过去了。教会对时间的垄断建立起来。其核心内容是罗马的名义、拉丁语的使用、

① Harold A.Innis, *The Bias of Communication* (*Second Edition*) ,University of Toronto Press,2008:105.参见哈罗德·伊尼斯:《传播的偏向》,何道宽译,北京:中国人民大学出版社,2003 年,第 86 页。

② Harold A.Innis, *The Bias of Communication* (*Second Edition*) ,University of Toronto Press,2008:101.参见哈罗德·伊尼斯:《传播的偏向》,何道宽译,北京:中国人民大学出版社,2003 年,第 84 页。

③ Harold A.Innis, *The Bias of Communication* (*Second Edition*) ,University of Toronto Press,2008:102.参见哈罗德·伊尼斯:《传播的偏向》,何道宽译,北京:中国人民大学出版社,2003 年,第 84 页。

教士的禁欲、摆脱国家束缚的自由和修道院制度"①。教会存在的基础是信仰，对当世的蔑视有助于提升信仰的价值。伊尼斯的垄断概念从经济学引入，创造性地在文化领域进行运用。垄断指的是支配地位，各种媒介在特定文化下都可以造成垄断。所以此词并没有贬义，只是展现了具体文明环境下的主导文明模式所使用的媒介状况。同一个媒介在不同文明语境下会有不同的地位，有时候是垄断性的，有时候却是边缘化的。这其中有一定的张力存在。伊尼斯特别关注文明平衡问题，也就特别注意媒介的平衡。这是将媒介生态学看成所谓"技术决定论"者所没有注意到的。一旦我们注意到伊尼斯思想中根深蒂固的"平衡"思想，那么所谓"技术决定论"也将失去其合理性。

第五节　伊尼斯的平衡之美

一、文明的平衡

伊尼斯多次提到他理想的文明状态：平衡的文明。他认为，现代西方文明的问题是"视觉和触觉分离，对这两种感官的不同处理方式，既产生了主观的分裂，也产生了外界的分裂。一方面，我们必须要逃离对此刻的执着。另一方面，我们又必须逃离对历史的执着。摆脱时间的束缚，寻求时间和空间需要的平衡点"②。听起来似乎并没有什么新意。因为我们知道，近代以来西方思想界一直具有一种危机意识。这种危机意识来自失去了宗教情感的惶恐，来自对人"理性"的不自信。关于这方面的讨论汗牛充栋，不再赘述。这种危机意识到了 20 世纪带来了普遍的精神危机。伊尼斯就是在这样一个西方处于精神危机的时代，着手对文明史进行关照。他的学术目标当然是寻求一种解决个人精神危机和文明困境的方法。与专注此问题的历史学家（如汤因比）、哲学家（如海德格尔）等不同，伊尼斯的特殊之处在于他有扎实的经济学专业知识。或者说，他是

---

① Harold A.Innis, *The Bias of Communication*(*Second Edition*), University of Toronto Press, 2008：124.参见哈罗德·伊尼斯：《传播的偏向》，何道宽译，北京：中国人民大学出版社，2003 年，第 100 页。

② Harold A.Innis, *The Bias of Communication*(*Second Edition*), University of Toronto Press, 2008：90.参见哈罗德·伊尼斯：《传播的偏向》，何道宽译，北京：中国人民大学出版社，2003 年，第 72 页。

从经济学角度进入文明问题的讨论。这倒是和马克思有相似之处。当然,马克思的贡献在于从经济到哲学,进行对人类历史的总体辩证。而伊尼斯是从经济到传播媒介,进行对文明的媒介要素的探讨。即什么媒介力量(要素)对文明发生影响。他的看法是,传播媒介非常重要,但它并不是决定经济和政治问题的唯一要素。仅就某一个媒介进行讨论,认为其具有"决定"作用,是不负责任的看法。当然从宏观上看,也不存在传播媒介对文明的直接塑造作用。它还需要一个中介,那就是伊尼斯反复强调的"知识"形态(这被认为是开启了福柯对知识社会学的考察)。我们要强调的是,除了知识,传播媒介对文明的塑造,还可以通过审美的中介,即传播媒介—审美—文明的路径。按照伊尼斯的看法,传播媒介之所以能够在文明的延续中发挥神奇的作用,在于其"平衡"的力量。这正是审美这一中介所传递的内容。

二、平衡之美

"平衡"一直是一个古老的审美传统。从古希腊哲人到中国先贤,都不乏对"平衡"的推崇。希腊先哲赫拉克利特谈到事物对立面的互相依存,他说"如果没有不义,人们也就不知道正义的名字"[①],而且对立面还互相转换,"我们身上的生和死、醒和梦、少和老始终是同一的。前后转化,就成为后者;后者转化,就成为前者"[②]。这样的运动也就是他说的"斗争"。为什么赫拉克利特如此看待事物的对立面,这一切源于他对世界本原的理解:"这个世界,对于一切存在物都是一样的,它不是任何神所创造的,也不是任何人所创造的;它过去、现在、未来永远是一团永恒的活火,在一定分寸上燃烧,在一定分寸上熄灭"[③]。因为火是在熄灭和燃烧之间转换,这一转换是永恒的运动,也就是赫拉克利特所说的平衡状态。毕达哥拉斯也谈和谐。他从音乐的和谐出发,将和谐原则扩大到全宇宙,认为宇宙中到处都是和谐。这种和谐就是所谓的"宇宙秩序"。中国哲学也

---

① 赫拉克利特著作残片 D23,参见北京大学哲学系/外国哲学史教研室编:《西方哲学原著选读》,北京:商务印书馆,2002 年,第 24 页。

② 赫拉克利特著作残片 D23,参见北京大学哲学系/外国哲学史教研室编:《西方哲学原著选读》,北京:商务印书馆,2002 年,第 22 页。

③ 赫拉克利特著作残片 D23,参见北京大学哲学系/外国哲学史教研室编:《西方哲学原著选读》,北京:商务印书馆,2002 年,第 21 页。

讲平衡,我们的平衡集中体现在一以贯之地推崇"中和"审美趣味。"中"与"和"连用最早见于《礼记·中庸》:"喜怒哀乐之未发谓之中,发而皆中节谓之和。中也者,天下之大本也;和也者,天下之达道也。致中和,天地位焉,万物育焉。"这里的"中"是指对立的两个因素或两个极端的中间。"和"是指情感的发作必须有节制,从而达到和谐、顺遂的境界而不是矛盾斗争的状态。后儒对"中和"的解释突出了两点,中和首先是保持天地本然状态的境界思想,其次中和有矛盾统一的和谐思想。"中和"的内涵既有量的折中、平衡,又有质的交汇、融合。它是一种尺度,强调对立的有差异的各种因素和力量之间的求同存异、平等共生、相互渗透、融会贯通。从审美的角度看,"中和"集中表现为对审美对象、审美心态、审美主客体关系所应有的审美尺度、审美理想的价值确认。中和是主体在审美活动中所实现的和谐、顺遂的人生境界的体现。中国传统哲学、美学的最高范畴是"天人合一","天人合一"的核心就是平衡。所以可以说"平衡"概念是古人在思想、文化、政治、道德、伦理和审美各领域中的基本思维方式,成为中国哲学思想和美学思想的基本内核。

"平衡"是伊尼斯理想文明的状态,伊尼斯毫不掩饰自己对"平衡"的喜爱。他不仅反复谈到我们应该保持口头传统与书面传统的平衡,而且阐述了平衡的现实存在——"尽管引进了用文字和书籍形式来表达的基督教,神话英雄文学还是在口头传统中流传下来"[1]。进而他还指出平衡应该是一个调整中的平衡,"空间垄断和时间垄断,倚重字母和闪米特人语的垄断与倚重建筑和泥版文字的垄断,蛮族入侵者和被入侵的先进文化——在所有这些关系的妥协中,埋藏了终极的不稳定和相互调整"[2]。这就是伊尼斯的平衡之美:基于传播媒介的互动,显示出各媒介自身在文明中的恰当位置。反过来,从文明整体来看,能够为文明提供整体性的个体就是美的。因为我们永远记得亚里士多德的教诲,美就在于各部分与整体的和谐。只不过亚里士多德在《诗学》中是从悲剧情节的分析提出这一"整体论"观点,而伊尼斯的这一平衡整体论是基于传播媒介与整体

---

[1] Harold A.Innis,*The Bias of Communication*(*Second Edition*),University of Toronto Press,2008:122.参见哈罗德·伊尼斯:《传播的偏向》,何道宽译,北京:中国人民大学出版社,2003 年,第 99 页。

[2] Harold A.Innis,*The Bias of Communication*(*Second Edition*),University of Toronto Press,2008:100.参见哈罗 德·伊尼斯:《传播的偏向》,何道宽译,北京:中国人民大学出版社,2003 年,第 83 页。

文明的关系。伊尼斯雄辩地论述了对文明而言,各个传媒对其发生的不同作用,以及传媒之间的斗争。这就类似悲剧中的各个要素之间的关系。然而,正如亚里士多德所言,最后悲剧的成功就在于整体效果是否得以完成。而在伊尼斯看来,文明最后能否有效延续,在于是否能够获得平衡的传媒关系。悲剧的美在平衡,传播也是。

第三章　媒介生态学的感知媒介审美取向

第一节　感知媒介审美取向与麦克卢汉研究概述

一、感知媒介审美取向的界定

感知媒介审美取向与上文所说的原媒介审美取向的最大不同在于:后者集中探讨的是媒介自身变化导致的审美问题,而前者则在媒介讨论中引入了人的感知内容。虽然媒介不可能与人的感知相分离,但是上述两大取向的侧重点完全不同。感知媒介审美取向的讨论将涉及媒介如何在人的感知层面上发生作用,进而导致审美变化。纵观媒介生态学的媒介理论,对媒介与人的感知问题讨论最多的理论家非麦克卢汉莫属。因此我们将麦克卢汉视为感知媒介审美取向的奠基人。在下文的讨论中我们可以发现,麦克卢汉的媒介理论,包括媒介/延伸/技术即讯息、"地球村"、媒介/延伸/技术的"形式美"、"热媒介"、"冷媒介"等都具有丰富的感知内涵。

二、麦克卢汉研究概述

马歇尔·麦克卢汉(Marshall McLuhan,1911—1980)是媒介生态学的标志性人物,曾被西方思想界誉为 20 世纪"最重要的思想家"。据国内麦克卢汉译介先驱何道宽教授介绍,国际上已经有了三次麦克卢汉研究热潮。1964 年麦克卢汉的《理解媒介》出版,引发了第一次麦克卢汉热。当时的主流媒体纷纷发表文章介绍和称赞麦克卢汉。他被冠以"先知""圣贤"的头衔,法国人还为此还出现了一个新词"麦克卢汉式的"。麦克卢汉此时活跃在诸多电视台和广播电台,到处给企业和机构讲学,出尽了风头。"木秀于林,风必摧之",麦克卢汉在其最受欢迎之时也迎来了诸多批评。他被反对者称为"通俗文化的江湖术士""电视机上的教师爷""攻击理性的暴君""走火入魔的形而上巫师""波普思想的高级祭司",认为他的著作"刻意反逻辑、巡回论证、同义反复、绝对、滥用格言、荒谬绝伦"①。70 年代以后,麦克卢汉热迅速退潮了。同时麦克卢汉也因为自身的健康问题无法继续参与学术交流捍卫自己的观点。尤其是在 1979 年,麦克卢汉重度中风,彻底丧失了语言能力。1980 年年底,这位数字时代的预言家没能等到数字时代的真正到来,就离开了世界。然而到了 90 年代,当互联网逐步显示了它的威力,学术界开始将数字文化视为一个问题进行思考的时候,麦克卢汉的思想又重新进入了人们的视野。人们惊奇地发现,麦克卢汉在 40 多年前对数字时代的描述竟然与现实惊人的一致! 麦克卢汉无愧"先知"之名! 这样,第二次麦克卢汉热兴起了。自 90 年代初开始,西方对麦克卢汉的研究出现了大量成果。美国《连线》杂志称麦克卢汉为"先师圣贤"。在亚马逊网站上,麦克卢汉和有关麦克卢汉的研究著作有几十种,远远超过被中国学术人所熟知的福柯、亨廷顿、萨义德等人。除麻省理工学院出版了新的《理解媒介》外,研究麦克卢汉的代表性专著还有保罗·莱文森 1999 年出版的《数字麦克卢汉》、克里斯托夫·霍洛克斯 2000 年出版的《虚拟现实与麦克卢汉》、唐纳德·特沃尔 2001 年出版的《虚拟麦克卢汉》等。同时,国际传播学期刊上也出现了大批研究麦克卢汉的论文。关于麦克卢汉的传记也有十余种。何道宽教授认为第三次麦克卢汉热出现在 20 世纪末至今。他于 2010 年 10 月 27 日下午 3 点在亚马逊网上书店使用"Marshall McLuhan"进行搜索,得到有关麦克卢汉的 22 种书,包括麦克卢汉独著、合著的十余种以及麦克卢汉的传记和研究麦克卢汉的著作②。笔者在 2014 年 12 月 23 日上午 10 点 20 分,在亚马逊网上书店的"Books"分栏使用"Marshall McLuhan"进行搜索,得到有关麦克卢汉的 2617 个结果,虽有重复出版,但麦克卢汉著作数量可见一斑。尤其是在麦克卢汉百年诞辰之际,国际学术界举行了

---

①　[加]马歇尔·麦克卢汉:《理解媒介——论人的延伸(增订评注本)》,何道宽译,南京:译林出版社,2011 年,"中译者第三版序"第 6 页。

②　[加]马歇尔·麦克卢汉:《理解媒介——论人的延伸(增订评注本)》,何道宽译,南京:译林出版社,2011 年,"中译者第三版序"第 7 页。

多场纪念麦克卢汉的学术活动,进一步扩大了麦克卢汉的影响。下面我们总结一下麦克卢汉研究状况。

(一)翻译情况

中国的麦克卢汉研究起步较晚,何道宽教授这样概括国内麦克卢汉的滞后状况,"第一波热潮时,我们忙于内事,对传播学和麦克卢汉浑然不觉。第二波热潮时,《理解媒介》于1992年出版,易名为《人的延伸》,处境尴尬,几乎难产,默默无闻。我是这个'早产儿'的接生婆,但我本人当时对这第二波的热潮也浑然不觉"①。虽然起步较晚,但是国内麦克卢汉研究却呈现加速爆发的态势。这里首先要归功于深圳大学的何道宽教授。从对麦克卢汉乃至整个媒介生态学研究的推动来看,何道宽教授是当之无愧的第一人。何教授从事翻译和传播学研究数十年,译介了媒介生态学大批基础性文献。麦克卢汉的主要著作和研究资料大部分都经由他翻译,包括《机器新娘——工业人的民俗》《理解媒介——论人的延伸》《麦克卢汉精粹》《麦克卢汉:媒介及信使》《麦克卢汉书简》《麦克卢汉如是说》以及林文刚教授的《媒介环境学:思想沿革与多维视野》等。同时何教授还发表了大量麦克卢汉的研究论文。

(二)研究专著

迄今为止,国内有关麦克卢汉的研究已经出现了一批有分量的专著。代表作有张咏华教授2002年出版的《媒介分析:传播技术神话的解读》、胡翼青2004年出版的《传播学:学科危机与范式革命》、范龙2008年的博士论文《媒介的直观:论麦克卢汉传播学研究的现象学方法》和2012年的专著《媒介现象学:麦克卢汉传播思想研究》、李明伟2010年出版的《知媒者生存:媒介环境学纵论》等。张咏华教授的《媒介分析:传播技术神话的解读》②第一次注意到媒介生态学这一群体。该书讨论了媒介技术的发生和发展、各种媒介技术的特征及使用、媒介技术及其发展史同人类社会变迁和文明发展史的关系等问题。涉及未来学家丹尼尔·贝尔(Daniel Bell)、阿尔温·托夫勒(Alvin Toffler)、约翰·奈斯比特(John Naisbitt)的理论,以及詹姆斯·贝尼格(James Beniger)的"控制革命论"、雷蒙·威廉斯(Raymond Williams)的"文化研究"和丹·席勒(Dan Schiller)的

---

① [加]马歇尔·麦克卢汉:《理解媒介——论人的延伸(增订评注本)》,何道宽译,南京:译林出版社,2011年,"中译者第三版序"第8页。

② 张咏华:《媒介分析:传播技术神话的解读》,上海:复旦大学出版社,2002年。

"数字资本主义"等人的理论。该书的优点有三。第一,作者能基于信息技术、传播理论、社会学、未来学等学科交叉来对媒介理论进行关照。第二,书中对不同媒介理论家的理论内容能够进行细致的比较。第三,将媒介分析与国内媒介发展情况相联系进行考察。然而其不足之处在于将麦克卢汉和伊尼斯定位为"唯技术决定论"。当然,若置于当时学术环境也可以理解。胡翼青 2004 年出版的《传播学:学科危机与范式革命》一书最大的价值在于他发现了"技术主义范式",实质上就是我们所说的媒介生态学学派。在"技术主义范式的兴起"一章中,胡翼青讨论了伊尼斯、麦克卢汉、梅罗维茨的媒介理论。可以说,该书是对媒介生态学作为一个独立研究范式的肯定,在学理上将媒介生态学与经验主义范式和批判主义范式相区别开来。当然,他并没有对这一范式的独特研究对象、内容和思想逻辑进行系统研究。范龙的《媒介的直观:论麦克卢汉传播学研究的现象学方法》一书认为,西方 20 世纪初以胡塞尔为代表的现象学具有非常重要的方法论意义,它是一种以本质直观为核心的哲学方法。通过对麦克卢汉著作的文本学解读,范龙认为麦克卢汉的传播学研究明显体现出"面向事情本身"的现象学精神。麦克卢汉的"媒介即信息""宣示了可被直观把握到的媒介本质,它作为对关于媒介效应的自我意识体验加以现象学的描述和反思的必然结果,实际上正表现了麦克卢汉在有关媒介的认识领域中对于本质直观的成功运用"①。因此,范龙将现象学方法引入传播学研究,将麦克卢汉定位为"广义现象学家"。他的专著《媒介的直观:论麦克卢汉传播学研究的现象学方法》是在博士论文基础上修改而成,继承了他的这一研究视角。范龙的研究使用了超越传播学的新视野,将麦克卢汉放入哲学方法的关照下,具有较强的原创性。相对而言,李明伟 2009 年出版的《知媒者生存:媒介环境学纵论》则是中规中矩的对媒介生态学派进行研究的著作。作者的构思是,"希望超越一叶障目的研究视野,在时代背景和学术背景中解读每一位学者的传播思想,在每一位学者的学术积累和思想系统中解读他的传播理论命题;纵向上,梳理并论证他们之间的理论渊源关系,呈现媒介环境学前后的思想谱系;横向上,提取他们共有的研究主题,勾勒媒介环境学整体的理论框架;在此基础上,站在范式革命的高度,论证他们在

---

①　范龙:《媒介的直观——论麦克卢汉传播学研究的现象学方法》,华中科技大学学位论文,2007 年,"摘要"第 1 页。

研究的本体论、方法论和认识论三个层面的一致取向,及其在传播学理论版图中的独特性"①,最终"论证媒介环境学作为一个研究范式的合法性,及其与经验学派和批判学派三足鼎立的事实"②。

(三)研究论文

中国麦克卢汉研究有一大批重要的研究论文,无论数量还是质量都可与国际当红的思想界大师的研究相提并论。2014 年 12 月 23 日上午 10 点 55 分,我在 CNKI 上使用"麦克卢汉"进行主题搜索共得研究论文 234 篇,进行全文搜索有论文 2448 篇。使用"马歇尔·麦克卢汉"进行主题搜索共得研究论文 256 篇,进行全文搜索有论文 5451 篇。以"马歇尔·麦克卢汉"为主题的论文最早的是 1988 年 1 月凡兵在《视听界》发表的《电视小说:电视剧的非电视剧化》。以"麦克卢汉"为主题的论文最早的是 1991 年 8 月李彬在《郑州大学学报(哲学社会科学版)》发表的《奇文共欣赏 疑义相与析——麦克卢汉媒介观之新探》一文。而用"马歇尔·麦克卢汉"和"麦克卢汉"进行全文搜索,最早的论文是 1981 年 6 月在《国际新闻界》上发表的李中子和周致翻译的韦尔伯·施拉姆《谈谈大众传播》。这也是国内第一次提到麦克卢汉的文章。

研究麦克卢汉传播思想的代表性论文有:中国传媒大学教授陈卫星 1997 年发表的《麦克卢汉的传播思想》③,中国社科院新闻与传播研究所的王怡红副研究员 1997 年发表的《"忧虑的时代"与不忧虑的麦克卢汉》④,复旦大学新闻学院殷晓蓉教授 1999 年发表的《麦克卢汉对美国传播学的冲击及其现代文化意义》⑤和 2003 年发表的《网络时代:麦克卢汉何以东山再起?》⑥,上海大学张咏华教授 2000 年发表的《新形势下对麦克卢汉媒介理论的再认识》⑦,深圳大学何道宽教授 1999 年发表的《麦克卢汉的遗产——超越现代思维定势的后现代

---

① 李明伟:《知媒者生存:媒介环境学纵论》,北京:北京大学出版社,2010 年,第 39 页。
② 李明伟:《知媒者生存:媒介环境学纵论》,北京:北京大学出版社,2010 年,第 39 页。
③ 陈卫星:《麦克卢汉的传播思想》,《新闻与传播研究》1997 年第 4 期。
④ 王怡红:《"忧虑的时代"与不忧虑的麦克卢汉》,《国际新闻界》1997 年第 1 期。
⑤ 殷晓蓉:《麦克卢汉对美国传播学的冲击及其现代文化意义》,《复旦学报(社会科学版)》1999 年第 2 期。
⑥ 殷晓蓉:《网络时代:麦克卢汉何以东山再起?》,《新闻大学》2003 年第 4 期。
⑦ 张咏华:《新形势下对麦克卢汉媒介理论的再认识》,《现代传播—北京广播学院学报》2000 年第 1 期。

思维》①、2000 年发表的《媒介即文化——麦克卢汉媒介理论批评》②和《媒介革命与学习革命——麦克卢汉媒介理论批评》③、2002 年发表的《加拿大传播学派的双星：伊尼斯与麦克卢汉》④，纪莉 2003 年发表的《论麦克卢汉传播观念的“技术乌托邦主义”——理解麦克卢汉的新视角》⑤、中国人民大学教授陈力丹 2005 年发表的《试论传播学方法论的三个学派》⑥等。除此之外，还有从广告、艺术、社会学、语言学等角度对麦克卢汉进行研究，包括吕尚彬 2004 年发表的《广告是人的意识的延伸——对麦克卢汉广告观的解读》⑦、杨伯溆和李凌凌 2001 年发表的《艺术的视角——理解麦克卢汉》⑧、王凤栖在 2013 年发表的《社会学视野下的麦克卢汉媒介观》⑨、李岗 2004 年发表的《“媒介即信息”与沃尔夫假说》⑩等。还有一些研究致力于麦克卢汉与其他技术哲学家如卡普等人的比较，在此不一一列出。

（四）麦克卢汉研究总结

一直以来，麦克卢汉都被视为媒介生态学派的代表人物，而媒介生态学则被视为传播学的三大流派之一。随着对麦克卢汉及媒介生态学派的研究不断深入，国内外学界逐步发现了麦克卢汉及媒介生态学派的审美价值。上文提到的 2014 年 9 月在西安召开的“麦克卢汉/媒介研究与当代文化理论”国际学术研讨会就是麦克卢汉美学研究的重大事件。国内外学者 70 余人齐聚西安，明确了麦克卢汉媒介理论的美学意味。金惠敏明确指出：一直以来“麦克卢汉媒介研究

---

① 何道宽：《麦克卢汉的遗产——超越现代思维定势的后现代思维》，《深圳大学学报（人文社会科学版）》1999 年第 4 期。

② 何道宽：《媒介即文化——麦克卢汉媒介理论批评》，《现代传播—北京广播学院学报》2000 年第 6 期。

③ 何道宽：《媒介革命与学习革命——麦克卢汉媒介理论批评》，《深圳大学学报（人文社会科学版）》2000 年第 5 期。

④ 何道宽：《加拿大传播学派的双星：伊尼斯与麦克卢汉》，《深圳大学学报（人文社会科学版）》2002 年第 5 期。

⑤ 纪莉：《论麦克卢汉传播观念的“技术乌托邦主义”——理解麦克卢汉的新视角》，《新闻与传播研究》2003 年第 1 期。

⑥ 陈力丹：《试论传播学方法论的三个学派》，《新闻与传播研究》2005 年第 2 期。

⑦ 吕尚彬：《广告是人的意识的延伸——对麦克卢汉广告观的解读》，《武汉大学学报（人文科学版）》2004 年第 1 期。

⑧ 杨伯溆、李凌凌：《艺术的视角——理解麦克卢汉》，《现代传播》2001 年第 6 期。

⑨ 王凤栖：《社会学视野下的麦克卢汉媒介观》，《青年记者》2013 年第 6 期。

⑩ 李岗：《“媒介即讯息”与沃尔夫假说》，《西南民族大学学报（人文社科版）》2004 年第 1 期。

的内在精神却被相对地忽视了,这个精神是美学精神,是以想象性文学所代表的人文价值"。他的这一看法成为与会专家的共识。此次会议拓展了麦克卢汉和媒介生态学研究的领域,深化和丰富了媒介生态学研究的内容。尤为重要的是,此次会议标志着麦克卢汉和媒介生态学美学研究的崛起。我们从美学、文学和艺术各领域来总结国内外麦克卢汉的最新研究。

第一,麦克卢汉的美学延伸。

国际麦克卢汉研究专家金惠敏致力于对麦克卢汉美学问题的研究,已经在国内外权威期刊发表了一系列相关论文。他明确了麦克卢汉美学理论的一些核心概念和基本问题域。会议论文《感性整体——麦克卢汉的媒介研究与文学研究》一文为当下麦克卢汉文学及美学研究奠定了哲学基础。他认为,提出"全球村""媒介即信息"等理论的麦克卢汉虽然被作为媒介学者,但其媒介研究的范式和真髓则是文学研究或者美学研究。因为麦克卢汉自己曾坦承其媒介研究就是"应用乔伊斯(applied Joyce)"。沟通媒介研究和文学、美学研究的是麦克卢汉对感性整体的寻求,由此他可以被归类为媒介研究领域的审美现代派。在中国媒介研究日益走向实证的今天,我们尤其需要加强其文学性和批判性;而对于自我封闭已久的文学研究来说,则需要关注其身外媒介技术的内在性影响或影响方式,按照麦克卢汉的说法,是感知比率的变化。金惠敏的这些看法奠定了麦克卢汉美学研究的理论基础。在强调麦克卢汉理论的文学和美学价值的共同语境下,国内外学者展开了对麦克卢汉美学问题的讨论。

王莹从分析"地球村"入手,认为地球村是一个"媒介美学"概念或"美学媒介"概念,并详细分析了"地球村"所具有的媒介和美学双重含义。她明确了麦克卢汉的理论地位,既将其视为杰出美学家的同时,也将其视为杰出的媒介理论家。她进一步指出,除"地球村"概念外,其他麦克卢汉的媒介概念也都具有浓郁的美学色彩,这应该成为当前国内外麦克卢汉研究的新领域。李昕揆近年也在一直专注对麦克卢汉美学思想的研究。他的理论贡献在于专门探讨了麦克卢汉的媒介生态学美学思想。他指出,麦克卢汉采取的没有固定形式、不做解释、只讲探索的媒介研究方法,以"媒介重构感知"的媒介感知论,以"感知操练"界定文学艺术的媒介文艺思想,以及从"媒介即信息"推导出的"后视镜"和"反环境"理论,共同构成了麦克卢汉媒介生态学美学的核心观念。同样,刘玲华也对麦克卢汉的媒介观进行了美学思考。她先分析麦克卢汉"马赛克"式文风和主题集中之间的互相统一,再对麦克卢汉的媒介技术决定观进行分析和反思,最后指出艺术作为对抗麻木的防御机制对媒介技术提出了挑战,并带来了各种消除界限的泛化审美效果。来自贝尔格莱德艺术大学的包亚娜·玛特吉兹(Bojana Matejić)博士也在关注新媒介艺术的美学特质问题。她认为,在当前后福特主义生产阶段,所谓的新媒介艺术具有了革命性的新感知方式。如果新媒介的力量足以改变人际交往的模式,那么根据麦克卢汉关于异化的观点,不管科学技术如何发展,这种极具艺术气息的改变应该被看作是能带来普通感官方式物质化的唯一的变革方式。

第二,麦克卢汉的文学延伸。

除了对麦克卢汉进行美学延伸,麦克卢汉的文学问题也成为当前研究的热点。多梅尼可·谢弗尔-杜南(Dominique Scheffel-Dunand)教授从方法论的角度进行了探索。她认为应该对麦克卢汉的文学问题采用"定量研究法"。希望采用不同的文本研读技巧来识别那些文学史中重复出现的流派,并理解其核心因素。正是这些流派和因素使我们通过媒介研究的书籍中那些有代表性的语料库,抓住了文学传统的功能。这些语料库按照时间顺序(从 1950 年到 2011 年)建立,所涵盖的研究成果要么在该领域备受推崇(因为包括了伊尼斯、麦克卢汉和乔姆斯基等人的成果),要么就是文学经典(出自选集、教材)。杜南教授指出这种定量研究方法的双重价值。首先,它清楚地表述出语料库中文学媒介的含混和臆造之处;其次,该研究旨在以关于媒体影响的一般性视角来比较这两个不同的领域。①

尤西林教授研究了麦克卢汉的"冷媒介"概念与艺术的关系问题。他将艺术视为一种冷媒介,并揭示了冷媒介的艺术尺度的意义。首先,冷媒介揭示出艺术在信息媒介社会中的独立的功能:艺术成为受众积极参与的动员方式,以及克服单一角度思维局限而保持整体想象与创新的培养方式。其次,艺术成为引导冷媒介积极价值功能的尺度。尤教授还指出了在从属热媒介的冷媒介与对抗热媒介的冷媒介之间,还存在着既不从属也不对抗,而保持自在独立地位的一类冷媒介。这类冷媒介是作为潜在信源的世界万物,这类"物"与人,被道家称为"自

---

① 彼特·牟瓦、多梅尼可·谢弗尔-杜南:《媒体研究的诗学之源:量化研究的初步解释(英文)》,《文艺理论研究》2015 年第 1 期。

然"。陈奇佳教授则从麦克卢汉媒介视角对传统文学史进行了考察。他从《水浒》的刊刻问题入手,指出了随着媒介变化所导致的传统意识形态的压抑和复兴。他认为明代印刷术使得《水浒》显示出市民的自有意识,然而到了清代反而遭受到压抑,出现传统意识形态的复兴。国荣认为媒介与文学应是一种共生关系。她从自身经历的有关"文学终结论"的讨论谈起,反思了该命题的"名"与"实"。最后指出,文学与媒介从来就没有分开过;作为文学研究者,面对文学边缘化,采取客观务实的态度,也许比粉饰太平更可取一些。赵冰对麦克卢汉和理查德·霍加特进行了比较研究。首先,她认为此二人同为文学教授,又都超越了文学。麦克卢汉走向了媒介,而霍加特走向了文化研究。其次,二人都从现代主义作家那里汲取了灵感和养分。最后,二人都经历了从作者到读者的过渡。

第三,麦克卢汉的人文延伸。

麦克卢汉思想的人文色彩也引起研究者的兴趣。意大利学者艾琳娜·兰博迪(Elena Lamberti)教授就注意到了麦克卢汉坚实的人文主义背景,并以此为视野进行研究。她指出,20 世纪 30 年代末,麦克卢汉在英国剑桥大学的博士研究引领他进入了古典三学科中的人文学科领域,两次战争之间的先锋派运动使他意识到自己研究的价值。几年以后,作为多伦多大学的年轻英语教授,麦克卢汉开始"应用艺术分析的方法进行社会批判"(《机器新娘》,1951),希望在"精英大众思维"中形成"光"而非"热"。在一个文化和社会变化如此迅速的社会,麦克卢汉对新旧技术环境的独创性研究引起了很多艺术家和批评家的注意。不久,麦克卢汉自己的"理论",如果不是作为典范的话,成为与昆丁· 菲奥里和苏鲁·依特劳格不同的艺术家们的研究案例。兰贝特教授的研究试图恢复麦克卢汉研究的人文主义根源,讨论在 60、70 年代后期原初艺术经验的形成以及在复杂的媒介现实的研究中人文主义思想可以扮演的角色,具有非常重要的理论价值。剑桥大学乔纳森·哈特(Jonathan Hart)教授的学术兴趣则在讨论媒介、文化和理论的关系。他和我们分享了他与麦克卢汉的渊源,向我们介绍了许多麦克卢汉不为人知的个人经历和学术背景,为我们理解麦克卢汉提供了宝贵的资料。

第四,麦克卢汉的媒介延伸。

除了对麦克卢汉的美学及文艺问题进行研究之外,学术界近年来还对麦克卢汉的媒介理论进行了当代延伸,获得了一些开创性的成果。比如美国华裔教授张先广（Peter Zhang）探讨了《易经》与麦克卢汉作品之间的联系。他把《易经》视为一种原媒介，认为从《易经》中可以找到麦克卢汉媒介四定律的前身，并评价《易经》在数字时代的应时性。张教授进行的中西比较研究扩展了麦克卢汉的媒介思想，使中西思想相得益彰。同样，丁国旗研究员则将麦克卢汉与马克思进行了比较，重点讨论了"媒介即人体的延伸"这一主题。他认为，二者的相同之处有两个：第一，他们从不同角度表达了对人的本质力量的重视，或者说看到了人的解放的本质所在；第二，他们都看到了工业成果给人的本质力量所带来的收获，看到了人的解放的物质基础。而他们的不同在于：马克思在辩证法的推动下，走向了对人的"异化"的批判；而麦克卢汉则以其始终不变的媒介立场，将媒介或技术的作用夸大到了极致。他进而指出，媒介是人体的延伸，其背后必然存在着信息的意识形态背景，或政治势力的介入。麦克卢汉将媒介和技术夸大到极致，忽略了技术必然会成为压抑人的工具这一发展方向。许德金教授以麦克卢汉的《理解媒介》为出发点，结合当今媒介的特点，提出媒介具有9种含义。他认为，麦克卢汉的《理解媒介》为我们打开了理解媒介的一扇门；媒介之于文化：既是文化（尤其是技术文化）的产物，也是（技术）文化的创造者；媒介之于文学：媒介既是文学文本的传播媒介和存储者，也是文学文本的依附者或曰自身就是文学文本不可分割的一部分，也就是文学文本的自身；媒介之于当代文化理论：媒介既是当代文化理论的承载者，也是调试者和毁灭者／终结者，最后也是当代文化理论的创造者。何道宽教授向我们介绍了麦克卢汉百年诞辰的纪念活动，并勾勒了世界麦克卢汉热的三次高潮。何教授通过描绘媒介环境学的崛起，提出了拓展麦克卢汉及媒介生态学学派研究的几条路径。他号召应为传播学的均衡发展和本土化而努力。梁虹教授讨论了从伊尼斯到麦克卢汉一以贯之的口语文化问题，她认为伊尼斯和麦克卢汉对口语文化的思考对今天的媒介文化现状仍旧有深刻的意义。尤其是伊尼斯有关在大学教育中兴起辩论和演讲的传统，借此恢复口语文化对人类感知，尤其是理性的影响的观念对今天的大学教育仍具有很重要的启示。

加拿大马克·阿德里亚（Marco Adria）教授注意到了麦克卢汉媒介理论在新媒介时代的变化。他认为，麦克卢汉关于媒介的观点采用了显著的可供参与和开放性知识论的形式。采用这种形式，我们可以继续提出关于在人类世界中引入新媒介的问题。他使用麦克卢汉的观点来描述当今社会媒介的特征，指出这些媒介与读者和文本之间的关系。另外,他还介绍了麦克卢汉早期的生活,尤其是麦克卢汉在加拿大草原城市所度过的孩童时代对其思维方式的影响。同样,奥地利的克里斯蒂娜·夏希特纳(Christina Schachtne)教授也采用麦克卢汉理论分析当前媒体和文化景观的转变。按照麦克卢汉的说法,任何媒体或技术的信息都是规模、速度或人类事务模式的改变。从这一角度看,麦克卢汉没有关注媒体的内容而是关注了媒介的文化含义。这为媒体研究引入了一个新的观点。这一观点声称媒介并非是中立的。媒介相当于社会的文化代码。结果就是发展和分布于特殊社会的媒介并不是偶然的。同时,克里斯蒂娜教授也探讨了现今世界语境下麦克卢汉理论的具体表现。跨越国别和社会背景的全球传播即数字媒体的运用所催生的媒介化过程的发展趋势及与文化和主体有关的数字媒体中的信息问题。

除了对麦克卢汉的媒介理论的梳理和延伸,当代麦克卢汉研究领域还出现了使用理论去分析当代新媒介产品的学术动态。英国的约翰·阿米蒂奇(John Armitage)教授就基于麦克卢汉的媒介理论来对电话进行研究。他试图解决的问题是:电话作为对麦克卢汉而言具有深刻意义的新媒介形式是如何通过分享参与社会内爆的形式促进了我们对它的痴迷。他认为,电话的形式包含了十分复杂的对我们空间感觉的废除,并与意料之外的社会文化影响相交织在一起。结果电话不但造就新的主体性,同时也造就了一个不靠理解而依靠直觉的新的分离形式。为了探讨这些影响的政治性,受泄密者爱德华·斯诺登的启发,阿米蒂奇教授将移动电话视为新的媒介形式,并且指出它不再是麦克卢汉所说的是"人的延伸",而是美国的延伸,它正在生产社会文化崩溃的新形式。接着,他研究了"恐怖电话"(Terrorphone)对时间和空间的远程控制如何实现以及语言的当代可视性问题。最后,阿米蒂奇教授对今日大众的行为提出了质疑,他们把无止境地通过移动电话进行互动作为今天唯一"聪明"的选择。因为他认为这样的互动并不是如麦克卢汉所说的是我们中央神经系统的伟大延伸,而是对它的损害。

当然,我们也注意到有学者对麦克卢汉媒介理论的批评。比如东欧学者安德里亚·菲力波维茨(Andrija Filipović)博士通过同时代的人类本体论问题的讨论,对麦克卢汉媒介与技术观念进行了批评。他强调无论是麦克卢汉认为的技术是人类的延伸,还是后人文主义传统所认为的技术是人类的基础,它们都在很大程度上忽视了生命自身的问题。他认为只有发展与非人类本体论、无人性及后人类相反的人类本体论,人们才能用钻研的眼光来接近同时代。蒋原伦教授也对麦克卢汉的媒介理论进行了批评。他谈到了媒介研究的两大误区。第一个误区是热媒介与冷媒介的提法。蒋教授认为麦克卢汉的热媒介和冷媒介的分类是从媒介的数据状态来分析的,然而数据状态由于同接受者的状况相联系,所以不是一个可以简单量化的对象。第二个误区是媒介四定律。蒋教授认为,当某种定律既适应筷子,又适应电影,那么这种定律的意义就基本没什么意义,所以有关研究媒介四定律的大量研究文章,就像研究人需要补充营养才能生存一样,其实没有任何学术价值。最后他强调:媒介研究的方向是在大的背景中将具体媒介的功能分解出来,并关注它们的互动效果,而不是站在媒介统一论的立场下断言。

第五,麦克卢汉的文化延伸。

对当代电子文化的研究正在成为文化研究的热点。麦克卢汉为我们打开了一扇理解电子时代的大门,当代文化研究可以从中汲取营养,生发自身。基于电子媒介理论,学者们对电子时代的感知变化、网络语言、网络书写、微信和电影等进行了探讨。

傅修延教授是国内听觉叙事领域的开拓者。近年来他致力于对听觉文化的研究。他明确指出了"被听"和"被看"的性质及差异。首先,"听"是唯一与人的生命相始终的感觉。其次,声音的转瞬即逝要求接受者集中注意力,人类听觉的相对"迟钝"反而有利于增强思维的专注和想象的活跃。最后,听觉往往比视觉更能触动情感。傅教授进而指出,因为说话者的声音被别人和自己同时听见,这种"不求助于任何外在性"的内部传导使得能指与所指完全不隔,声音因此成为一种最为"接近"自我意识的透明存在。声音传递的"点对面"格局,赋予"被听"之人某种特殊地位,听觉沟通对人类社会架构的"塑形"作用体现于此。

肖伟胜教授讨论了作为青年亚文化现象的网络语言。他认为伴随计算机传播媒介而衍生的网络语言是一种典型的青年亚文化现象。它的创制和使用既体现了青少年网民的生理—心理特征,同时更为重要地反映出亚文化与主流文化之间暧昧复杂的结构性关联。它们之间既对立又有着潜在一致性的辩证关系决定了创制网络语言的两种方式,即拼贴与同构。拼贴与同构作为对抗正统书面语言的两种方式虽然存在一些策略上的差异,但它们都在符号的游击战即象征性抵抗中对付、挑战强势者所宰制的社会秩序,进而寻求自身的价值判断和意义建构。

张跣教授讨论了当代中国的电子书写问题。他认为,电子书写的迅猛发展正在对艺术发展和社会话语产生深远影响。以穿越、玄幻、耽美等类型化小说为代表的网络文学,连同微博上广为流传的各种段子,构成了当代中国电子书写的最基本景观。"意淫"是这些景观共同的精神内涵,也是当代中国电子书写的基本叙事策略。它是屌丝对白富美的幻想性性侵,更是屌丝阶层对日益固化的社会层级的幻想性逆袭。就其历史观而言,意淫表现出"架空化""碎片化""他者化"三个基本特点,就其文化逻辑而言,意淫表现出"身体逻辑""民粹逻辑"和"消费逻辑"三种基本倾向。

杨拓对电子媒介文学文本的跨媒介性进行了探讨。他认为,随着电子科技的发展,媒介的重心也正在经历着从非电子媒介向电子媒介的转变,媒介自身主体理性慢慢开始觉醒。文学开始呈现出在不同媒介间转换的现象,文本由单一的媒介性走向了跨媒介性。很多文学文本开始在不同的载体下呈现出多元化的生存状态。在不同媒介下的文本发展,必然会产生新的文学样式,新的文学审美,为文学未来的发展产生新的助力。因此如何看待文学文本的跨媒介性转变,将会成为研究文学未来发展的新方向。

综上,麦克卢汉研究将不再局限于传播学麦克卢汉,而将指向一个跨学科跨文化的麦克卢汉。尤其值得指出的是,麦克卢汉的美学延伸,由于其具有的哲学奠基价值,将作为媒介延伸和文化延伸的前提和基础。这将是麦克卢汉研究的新方向。但我们也发现了一些问题。早在2002年,石林和冉华在《新闻与传播评论》发表《麦克卢汉媒介思想研究现状的检讨》一文,批评了当时的麦克卢汉研究。他们指出麦克卢汉研究存在以下问题。第一是浅表性、重复性研究过多。第二是纠缠于具体问题的讨论,作散点式的研究。第三是抽象的肯定,具体的否定。当代麦克卢汉研究的大多数成果还存在上述问题,这也是本文要警惕的。

本节研究试图厘清麦克卢汉的美学内涵。学理依据在于:

首先,与伊尼斯从经济学视野切入媒介研究不同,麦克卢汉正是从文学批评切入媒介分析的。现任媒介生态学会副会长、美国帕特森大学林文刚教授在其主编的《媒介环境学:思想沿革与多维视野》一书中收录了爱默生学院(Emerson College)詹姆斯·莫理逊(James C.Morrison)教授的文章,详细介绍了麦克卢汉的研究方法和学术渊源。莫理逊教授介绍,"麦克卢汉的研究方法是深深打上了感知烙印的、非常独特的方法。他研究方法的源头是文学批评,尤其是实用批评学派的训练;他在剑桥求学时,受业于该学派奠基人瑞恰兹(I. A. Richards)(1925—1929)和利维斯(F. R. Leavis)(1930—1932)的门下"①。"这种方法产生媒介即信息的观念,同样也产生他对媒介影响的通感机制的看法。"②他还引用麦克卢汉的儿子埃里克的说法,认为《理解媒介》"有意识地用这个书名和克伦斯·布鲁克斯(Cleanth Brooks)和奥斯丁·沃伦(Austin Warren)的《理解诗歌》(*Understanding Poetry*)(1938)并列,这本书是把实用批评介绍到北美的关键文本"③。当然,借鉴了新批评的分析方法和在媒介分析中引用文学作品作为案例并不能必然得到麦克卢汉理论具有美学价值这一结果。然而如果我们细读麦克卢汉的三部代表作《机器新娘》《谷登堡星汉璀璨》和《理解媒介》,就可以发现麦克卢汉的"媒介即信息""地球村""冷媒介""热媒介"等概念背后隐藏的美学内涵。

其次,麦克卢汉的媒介理论的核心就是对"感知"和"感性"的强调。在鲍姆加登那里,"美学"(Aesthetics)实际上就是"感性学"(Aisthesis)④。这使得麦克卢汉的媒介研究具有了浓厚的美学意味。同时我们发现,作为北美媒介生态学派的重要创始人和理论代表,麦克卢汉不仅"将美学引入传播研究"⑤,而且"将审美范畴置于首要地位"⑥,这使我们得以从"美学"的视角考察麦克卢汉的媒介生态学思想。

再次,国内以金惠敏研究员为代表的一批学者已经开始注意到麦克卢汉的

---

① [美]林文刚编:《媒介环境学:思维沿革与多维视野》,何道宽译,北京:北大出版社,2007年,第130页。

② [美]林文刚编:《媒介环境学:思维沿革与多维视野》,何道宽译,北京:北大出版社,2007年,第136页。

③ [美]林文刚编:《媒介环境学:思维沿革与多维视野》,何道宽译,北京:北大出版社,2007年,第130页。

④ 鲍姆加登将美定义为感性认识的完善,认为"美学"是用于研究和指导低级认识(即感性认识)的科学。为美学这门学科开启了一个意味深长的感性传统。参见[德]鲍姆嘉滕:《美学》,简明、王旭晓译,北京:文化艺术出版社,1987年。

⑤ Janine Marchessault, *Marshall McLuhan: Cosmic Media*, London: Sage, 2005, pp.xii-xiii.

⑥ [美]丹尼尔·杰·切特罗姆:《传播媒介与美国人的思想:从莫尔斯到麦克卢汉》,曹静生、黄艾禾译,北京:中国广播电视出版社,1991年,第186页。

文学和审美价值,发表了一系列成果。金惠敏研究员多年来致力于全球化、文化、媒介等问题的跨学科讨论,在国内开始大张旗鼓地开始进行媒介生态学的美学研究。尤其是2014年9月在西安召开的"麦克卢汉/媒介研究与当代文化理论"国际研讨会,更是将麦克卢汉与媒介生态学的美学研究推向了一个新阶段。与会各位学者在文学、媒介、文化和审美等领域进行了深入且富有成效的讨论。可以视为国内麦克卢汉和媒介生态学转型研究的里程碑。

下面我们具体讨论麦克卢汉的媒介理论。第二节讨论"媒介即信息"的美学意味,第三节讨论"地球村"的美学内涵,第四节讨论"热媒介"和"冷媒介"所包含的美学趣味。

第二节　"媒介即信息"的美学意味

一、"媒介即信息"的内涵

"媒介即信息"是麦克卢汉在其代表作《理解媒介》中提出的著名论断。其一,在这部传播学巨著的第一章,麦克卢汉开宗明义提出了"媒介即信息":

> 我们这样的文化,长期习惯于将一切事物分裂和切割,以此作为控制事物的手段。如果有人提醒我们说,在事物运转的实际过程中,媒介即讯息,我们难免会感到有点吃惊。所谓媒介即讯息只不过是说:任何媒介(即人的任何延伸)对个人和社会的任何影响,都是由于新的尺度产生的;我们的任何一种延伸(或曰任何一种新的技术),都要在我们的事务中引进一种新的尺度。①

何道宽将"the medium is the message"翻译为"媒介即讯息"而非"媒介即信息"。确实,"message"比"information"更加非正式化,麦克卢汉使用"message"而

---

① Marshall McLuhan.*Understanding Media*:*The Extensions of Man*(*critical edition*).Corte Madera:Gingko press,2003.p.20.参见[加]马歇尔·麦克卢汉:《理解媒介——论人的延伸(增订评注本)》,何道宽译,南京:译林出版社,2011年,第18页。

非"information"也正因前者的非正式化意味。因为他的"medium"与一般媒介不同,指向无论正式与否的所有"延伸"。这正是将"the medium is the message"翻译为"媒介即讯息"的理由。然而,如果强调"medium"在电子时代的巨大影响,并且突出这个时代的"信息"特征,我们更倾向将"the medium is the message"翻译为"媒介即信息"。"媒介即信息"相比较"媒介即讯息"更能成为一个时代的口号,更加切合当下的电子语境。

其二,我们注意到,麦克卢汉提出的"媒介即信息"是从文化层面考察的结果(注意开头:"我们这样的文化"),而非对具体某一媒介、某次媒介交流行为的描述。国内有学者批评麦克卢汉,认为其媒介论过于注重媒介自身,忽略了媒介的"内容"。这是没有理解麦克卢汉"媒介即信息"的文化语境。因为从一个文化层面来看,具体的某次媒介交流或传播"内容"确实是无足轻重,重要的是无数人无数次反复传播所借用的媒介"形式"。麦克卢汉认为,这种媒介"形式"潜移默化地影响了我们的行为,深入到我们的潜意识之中,所以构成了对我们整体文化的作用力。因此从文化层面看,绝不是媒介的"内容"在起作用。

其三,我们看到,"媒介及信息"强调了电力时代的"整体性"原则。麦克卢汉讨论的开端是对西方文化的批评。他认为,西方文化"习惯于将一切事物分裂和切割,以此作为控制事物的手段",那么"媒介即信息"就是对此现象的纠正,即不能因为要控制事物而将事物分裂和切割,这就是他反复强调的电力时代的"整体性"原则。而与之相对的"分裂和切割"就是他批评的"机械化"生产、因果性生产、线性思维等,也就是谷登堡印刷技术所导致的文化特征。① 但是值得指出的是,麦克卢汉的"媒介即信息"虽然基于对两种不同生产文化的比较,但他又不是厚此薄彼(虽然在机械化与自动化之间,他赞同后者,但这种赞同绝不是因为后者更优越,只是因为后者具有现实性),其实他的意思是说,任何媒介即信息,无论是整体性的电力技术,还是分裂性的机械技术。这样才能完整理解麦克卢汉的"媒介即信息",进而理解为何麦克卢汉在有些场合反对将自己视为新技术的倡导者。

其四,麦克卢汉将"任何媒介"视为"人的任何延伸","我们的任何一种延

---

① 这一文化特征导致了康德启蒙的困境。而"整体性"则可以挽救启蒙。参见陈海:《康德启蒙的麦克卢汉延伸》,《西北大学学报(哲学社会科学版)》2015年第1期。

伸"又被视为"任何一种新的技术"。这就是麦克卢汉媒介、延伸、技术同一论。按照这一看法,麦克卢汉的"媒介(medium)即信息"其实就是"延伸(extension)即信息"和"技术(technology)即信息"。我们知道,媒介、人的延伸和技术都各有所指,确实不能毫无限制地相互混用。那么,麦克卢汉是在什么条件下将媒介、延伸和技术视为可以通用的概念?关键在于"信息"。麦克卢汉的意思是:媒介、延伸和技术都是一种"信息",因此可以互通。我们只有在"信息"的意义上才能赞同麦克卢汉所说的媒介/延伸/技术的统一性。那么什么是"信息"?"信息"就是他说的"新的尺度"。

其五,麦克卢汉的"媒介即信息"是媒介"对个人和社会的任何影响",也就是他指出的"新的尺度(new scale)"。辨析"新的尺度"是理解"媒介即信息"的关键。麦克卢汉在《理解媒介》中花了大量篇幅来阐述。

首先,这一"尺度"既是人生产方式的变化,也是人际关系的变化。麦克卢汉将电力技术产生之后的自动化生产与之前的生产进行比较。他认为自动化"为人们创造了新的角色,换言之,它使人深深卷入自己的工作和人际组合之中,而以前的机械技术却把这样的角色摧毁殆尽"[1]。实际上,"正如机器在塑造人际关系中的作用是分割肢解的、集中制的、肤浅的一样,自动化的实质是整体化的、非集中制的、有深度的"[2]。自动化作为新"媒介"就产生了这样的人际关系新特征。因此,"媒介即信息"就意味着媒介/延伸/技术将导致生产方式和人际关系的双重变化。因为正如麦克卢汉所说,"对人的组合与行为的尺度和形态,媒介发挥着塑造和控制的作用"[3]。

其次,"新的尺度"之所以发挥作用是因为媒介本身,而不是因为媒介的"内容"。麦克卢汉认为,"媒介的内容对塑造人际组合的形态也是无能为力的。实

---

[1] Marshall McLuhan. *Understanding Media: The Extensions of Man(critical edition)*. Corte Madera: Gingko press, 2003. p.20.参见[加]马歇尔·麦克卢汉:《理解媒介——论人的延伸(增订评注本)》,何道宽译,南京:译林出版社,2011年,第18页。

[2] Marshall McLuhan. *Understanding Media: The Extensions of Man(critical edition)*. Corte Madera: Gingko press, 2003. p.20.参见[加]马歇尔·麦克卢汉:《理解媒介——论人的延伸(增订评注本)》,何道宽译,南京:译林出版社,2011年,第18页。

[3] Marshall McLuhan. *Understanding Media: The Extensions of Man(critical edition)*. Corte Madera: Gingko press, 2003. p.21.参见[加]马歇尔·麦克卢汉:《理解媒介——论人的延伸(增订评注本)》,何道宽译,南京:译林出版社,2011年,第19页。

际上,任何媒介的'内容'都使我们对媒介的性质熟视无睹"①。在麦克卢汉看来,以往的媒介研究主要对媒介的"内容"进行分析,这恰恰是麦克卢汉一直所反对的(他的《机器新娘》正是要使读者从流行媒介的"内容"导致的"麻木"状态下惊醒)。这正是新批评对麦克卢汉研究方法的影响。我们知道,新批评继承了俄国形式主义的批评路线,将文学批评重点放在对文本本身,将文本作为一个独立自足的完整的整体来看待。麦克卢汉将新批评对文学文本的重视移植到对媒介本身。只不过前者是将文学文本作为一个独立自足的整体进行研究,要去除外在要素对文本的干扰;后者是将媒介作为一个独立自足的整体进行研究,也声称要去除媒介"内容"对自身的干扰,这就是麦克卢汉排除媒介"内容"的思想源头。但是在文学批评领域,我们反对不顾外部要素而仅仅将目光聚焦于文本本身的批评方法。但在媒介批判领域,我们却能认同麦克卢汉只关注媒介"形式"而不顾媒介"内容"的媒介研究方法。他有一个非常著名的比方:"我们对所有媒介的传统反应是:如何使用媒介至关重要。这就是技术白痴的麻木态度。因为媒介的'内容'好比是一片滋味鲜美的肉,破门而入的窃贼用它来吸引看门狗的注意力。"②我们能理解麦克卢汉,因为确实是由于媒介的"内容"分散了受众的注意,使他们无视媒介"形式"本身对受众的塑造。

再次,强调媒介"形式"本身导致的结果是"技术的影响不是发生在意见和观念的层面上,而是要坚定不移、不可抗拒地改变人的感官比率和感知模式"③。媒介的"内容"既然是无足轻重的,那么媒介发生作用就在于媒介"形式"本身。这个"形式"不是靠我们的理性去把握(如同所谓媒介"内容"那样),而是靠它自身对我们感知的影响。也就是说,媒介/延伸/技术将在我们的感性层面对我

---

① Marshall McLuhan.*Understanding Media：The Extensions of Man*(*critical edition*).Corte Madera：Gingko press, 2003.p.21.参见[加]马歇尔・麦克卢汉:《理解媒介——论人的延伸(增订评注本)》,何道宽译,南京:译林出版社,2011 年,第 19 页。

② Marshall McLuhan.*Understanding Media：The Extensions of Man*(*critical edition*).Corte Madera：Gingko press, 2003.p.32.参见[加]马歇尔・麦克卢汉:《理解媒介——论人的延伸(增订评注本)》,何道宽译,南京:译林出版社,2011 年,第 29 页。

③ Marshall McLuhan.*Understanding Media：The Extensions of Man*(*critical edition*).Corte Madera：Gingko press, 2003.p.32.参见[加]马歇尔・麦克卢汉:《理解媒介——论人的延伸(增订评注本)》,何道宽译,南京:译林出版社,2011 年,第 30 页。

们施加影响,它将改变我们的感官比率和感知模式,导致人的感知能力的变化。麦克卢汉多次谈到因为谷登堡印刷术的出现,欧洲从口语文化向书面文化的转变过程中出现的感知方式的变化。而他讨论更多的则是机械化时期和自动化时期的不同,他举了很多例子来说明机械化和自动化的差异,后者被麦克卢汉概括为"整体场"论。"整体场"其实就是"场",因为"场"就不可能是破碎的。麦克卢汉采用"场"这一物理学词汇曾引起批评,批评者认为他哗众取宠,是为了吸引眼球而故作此惊人之语。然而我们发现,麦克卢汉在作品中反复恰到好处地引用量子力学的原理,事实上将量子力学引入了传播学,建立了描绘新时代传播的新图景。通过使用这一词汇,麦克卢汉指出媒介/延伸/技术对人的影响从来都不是一个破碎的、片段的,而是全方位的、立体的、整体的。

在反对戴维·萨尔诺夫的技术中立观时,麦克卢汉认为"机械化自身有一个矛盾:虽然它是最大限度增长和变革的动因,可是机械化的原则既排除了增长的可能性,又排除了理解变革的可能性。因为机械化的实现,靠的是将过程切分,并把切分出的各部分排成一个序列"①。而电能则不同,"电能打破了事物的序列,它使事物倏忽而来,转瞬即去"②。麦克卢汉深入到生产方式对人思维的影响这一层面来看这个问题,发现机械化是因果性的、线性的,而电能在他看来是并列的、同时性的。电能虽然无形,但却在迅速地起作用,这就如同物理学中的"场"——虽然不在感官之内,却真实存在。如果上述麦克卢汉的表述还不太明显,那么我们还可以看看麦克卢汉对立体派艺术的评论。他认为,立体派艺术"放弃了透视的幻觉,偏好整体上对事物的迅疾的感性知觉。它抓住迅疾的整体知觉,猛然宣告:媒介即讯息(此处为黑体)"③。他还强调,立体派艺术将"对专门片段的注意转移到了对整体场(total field)的注意。现在可以非常自然地

---

① Marshall McLuhan. *Understanding Media: The Extensions of Man(critical edition)*. Corte Madera: Gingko press, 2003. p.25.参见[加]马歇尔·麦克卢汉:《理解媒介——论人的延伸(增订评注本)》,何道宽译,南京:译林出版社,2011年,第22页。

② Marshall McLuhan. *Understanding Media: The Extensions of Man(critical edition)*. Corte Madera: Gingko press, 2003. p.25.参见[加]马歇尔·麦克卢汉:《理解媒介——论人的延伸(增订评注本)》,何道宽译,南京:译林出版社,2011年,第22页。

③ Marshall McLuhan. *Understanding Media: The Extensions of Man(critical edition)*. Corte Madera: Gingko press, 2003. p.26.参见[加]马歇尔·麦克卢汉:《理解媒介——论人的延伸(增订评注本)》,何道宽译,南京:译林出版社,2011年,第24页。

说:媒介即讯息"①。麦克卢汉上述对立体派艺术的看法,清楚地表明了他对"媒介即信息"所具有的"整体场"内涵的确定。

最后,"媒介即信息"还强调了媒介/延伸/技术与人之间的动态平衡。麦克卢汉所谓的"人的延伸"即对人的"自我截除",既包括身体,也包括神经性。麦克卢汉指出"自我截除是中枢神经系统解压的直接手段。很容易用它来说明传播媒介的起源,从言语到电脑的起源都可以由它来说明"②。实际上这种截除也不过就是对平衡的打破。打破平衡并不是坏事,绝不是我们从字面理解的那样,似乎说"截除"就是不幸。相反,"截除"之后可以获得新的平衡。比如麦克卢汉谈到的"轮子"是对人腿的延伸,也是对人腿的截除。然而我们并没有放弃腿,而是将腿的功能放置在其他语境中,比如健身运动场所。在需要腿发生作用的时候,一样可以使用这一器官。在不需要使用腿的时候,我们可以选择"轮子"来达到我们移动的目的。也就是说,媒介/延伸/技术虽然改变了我们的感官比率和感知模式,但人类却因为这种改变获得了更多选择的自由。这就是新的平衡。我们注意到麦克卢汉曾被他那个时代的学者批评,认为其过分强调技术的作用。也被国内研究者称为"技术决定论者",这其实是一大误解。麦克卢汉从来就没有认为媒介/延伸/技术可以"决定"一切。他只不过是说,媒介/延伸/技术确实会改变我们,而且是改变我们赖以观察和思考世界的基础——感知能力。麦克卢汉自己对当时出现的技术,比如电视,甚至是持批评的态度的。而且,麦克卢汉也不认为技术是中立的,他认为技术/产品本身具有"好坏"之分。在《理解媒介》中,麦克卢汉针对戴维·萨尔诺夫的"我们很容易把技术工具作为那些使用者所犯罪孽的替罪羊。现代科学的产品本身无所谓好坏,决定它们价值的是使用它们的方式"③这一说法,认为这是"流行的梦游症"的声音。因为媒

---

① Marshall McLuhan.*Understanding Media:The Extensions of Man*(*critical edition*).Corte Madera:Gingko press, 2003.p.26.参见[加]马歇尔·麦克卢汉:《理解媒介——论人的延伸(增订评注本)》,何道宽译,南京:译林出版社,2011 年,第 24 页。

② Marshall McLuhan.*Understanding Media:The Extensions of Man*(*critical edition*).Corte Madera:Gingko press, 2003.p.65.参见[加]马歇尔·麦克卢汉:《理解媒介——论人的延伸(增订评注本)》,何道宽译,南京:译林出版社,2011 年,第 59 页。

③ Marshall McLuhan.*Understanding Media:The Extensions of Man*(*critical edition*).Corte Madera:Gingko press, 2003.p.24.参见[加]马歇尔·麦克卢汉:《理解媒介——论人的延伸(增订评注本)》,何道宽译,南京:译林出版社,2011 年,第 21 页。

介/延伸/技术在他看来都是有"偏向"的。如同伊尼斯所谈到的媒介的偏向一样,麦克卢汉将这种偏向具体化到每一个媒介,而不仅仅是时间/空间这两大类。总之,麦克卢汉继承了伊尼斯对媒介偏向的看法:媒介非中立,它不是受人摆布的无立场的"工具"。因为媒介/延伸/技术的出现本身就基于某一目的,所以它必然带有善恶等伦理价值。比如航空母舰这样的载具出现的目的绝不是为了捕鱼,在制造这一载具的目的就决定了它是为了毁灭。再比如同为核能原理的利用,原子能发电技术是为了能源利用而出现的,而原子弹却是为了毁灭而存在的。虽然我们在刺激——反应模式下不得不发展了媒介/延伸/技术,但我们应如麦克卢汉所教导的那样,对媒介/延伸/技术进行道德警觉。因为从来没有"中立"的媒介/延伸/技术。

二、"媒介即信息"的审美内涵

基于"媒介即信息"的上述内涵,我们延伸出其所隐含的审美性。其一,麦克卢汉在"媒介即信息"命题中包含了媒介、延伸和技术的同一,因此对技术美学的讨论颇有启发。我们不将技术视为与人无关的外在"工具",而是将技术视为人的"延伸"。因此对技术的喜好(主要体现在其产品中)实际上也是对人自身力量的喜好。在此我们发现马克思实践论的价值。作为人的本质力量对象化的技术,理应成为一个审美的对象,而不应成为嫌弃、厌恶的对象。当然有人会认为所谓"延伸"不区分好坏,它是中立的。那么正如麦克卢汉,技术本身有善恶之分。我们对技术的欣赏在于其体现的人的创造技术的智慧,而不是所有技术及其产品本身。就如同我们上文所举原子技术,我们欣赏这些物理学家对真理的探索,我们从其描绘的真实的物理世界中获得美感,但是我们却不欣赏将此技术用于制造原子弹的行为。因此,麦克卢汉的技术美学观有其价值。

其二,"媒介即信息"包含对"形式"的强调,因此麦克卢汉的"媒介即信息"还具有形式美学的内涵。这一点最容易理解,因为麦克卢汉正是从新批评的美学原则出发来对媒介问题进行讨论的。新批评的美学原则强调的就是"形式",麦克卢汉同样也强调媒介的"形式"。媒介的"形式"是什么?如同文学形式一样,就是媒介自身而不是其承载的内容。比如微信这一新的交流媒介,按照麦克卢汉的看法,微信即信息的涵义是,它发生作用不是因为它包含的运营商提供的内容,而是因为开发商提供的软件自身。它潜意识地限制了我们的应用,更重要的是,限制了我们的交流领域的想象力。

其三,"媒介即信息"包含着平衡之美。伊尼斯曾经谈到过平衡问题。他的平衡是在两种不同媒介之间,是因为帝国延续的必需。而麦克卢汉谈到的平衡比伊尼斯的平衡要复杂很多。他谈的不是两大类媒介之间,而是所有的媒介之间的问题。麦克卢汉认为所有媒介/延伸/技术都会打破原来的平衡,但也会带来新的平衡。从此意义上看,麦克卢汉确实是一个技术乐观主义者。这一点可以看到阿诺德·汤因比(Arnold Toynbee)对麦克卢汉的巨大影响。我们知道,汤因比在其《历史研究》中提出了文明的刺激——反应模式。麦克卢汉将这一模式拿到对媒介的分析中,提出了媒介/延伸/技术的刺激——反应模式。汤因比通过此种模式来研究历史,麦克卢汉则通过此种模式来研究媒介/延伸/技术。在汤因比看来,帝国必须对刺激进行有效的反应,否则将失去生命力。而在麦克卢汉看来,人也必须对外在刺激进行有效的反应。媒介/延伸/技术正是人对外在刺激的反应。所以媒介/延伸/技术对人而言是必需的,不平衡与平衡的斗争也因此是必需的。

可能麦克卢汉容易被人误解的说法是"截除",其实"截除"与"平衡"并不矛盾。他说,"任何发明或技术都是人体的延伸或自我截除"①。截除之后似乎不完整了,实际上也没有那么可怕。因为"这样一种延伸还要求其他的器官和其他的延伸产生新的比率、谋求新的平衡"②。以微信为例。作为新的交流工具,它似乎"截除"了我们的旧的交流能力。比如我们通过微信来进行文字交流,不需要出门亲自见面,它确实截除了我们面对面口头交流的能力。但它会给我们被截除的官能以一定的补偿。就如同观看取代了听觉,我们记忆力下降,但是我们的视觉能力将会提升。微信这类社交软件虽然带来直接见面次数的减少,但给我们的补偿是,微信可以提高文字表达的能力,同时在不能见面的时候给我们慰藉。接着,麦克卢汉告诉我们,截除之后感官仍然能够保持一个整体,

---

① Marshall McLuhan.*Understanding Media：The Extensions of Man*(*critical edition*).Corte Madera：Gingko press，2003.p.67.参见［加］马歇尔·麦克卢汉：《理解媒介——论人的延伸(增订评注本)》,何道宽译,南京：译林出版社,2011年,第61页。

② Marshall McLuhan.*Understanding Media：The Extensions of Man*(*critical edition*).Corte Madera：Gingko press，2003.p.68.参见［加］马歇尔·麦克卢汉：《理解媒介——论人的延伸(增订评注本)》,何道宽译,南京：译林出版社,2011年,第61页。

即"作为感知生活的延伸和加速器,任何媒介都立刻影响人体感觉的整体场"。所以大可不必担心由于媒介/延伸/技术导致人的不平衡。这与席勒的看法是一致的。只不过席勒是通过游戏也就是审美来完成平衡,而麦克卢汉通过媒介的自我截除来获得平衡。

平衡之美的核心在于,它能够带给我们和谐和安全。具有平衡之美的媒介/延伸/技术具有"优美"的内涵。媒介/延伸/技术的平衡将从心理上给我们带来安全感,从内容上给我们带来充实感,从形式上带来均衡感。正因为强调平衡,所以任何一种媒介/延伸/技术都应该和其他媒介/延伸/技术在一个完整的系统中和谐相处,达到互相补偿的作用。并不存在新媒介取代旧媒介,新媒介驱除旧媒介的情况。麦克卢汉对此十分清楚,他谈到媒介之间关系的时候说"媒介的影响之所以十分强烈,恰恰是另一种媒介变成了它的'内容'。一部电影的内容是一本小说、一部剧本或一场歌剧"①。

其四,"媒介及信息"带来审美感知的问题。麦克卢汉解释"媒介即信息"时,将媒介/延伸/技术最终起作用的原因归结于其对我们感官比率和感知模式的改变。从审美角度来看,感官比率和感知模式属于审美感知问题。我们从麦克卢汉发现的媒介/延伸/技术涉及的一般感知的问题来看。如前文所述,麦克卢汉认为"机械化"时代的感知是片段式的、分裂的、集中的、切分的、具因果性的;而"自动化"的感知是整体的、非集中化、并发的。因此基于这样的感知特征的机械化时代,其审美感受也将是分裂的、片面的。同样,基于整体性的自动化时代,其审美感受将呈现出整体性。这是麦克卢汉所说的"19世纪给机械的、分裂切割的技术方法加温,于是人们的整个注意力就转向联合和整体的东西"②。中国学者读麦克卢汉,往往会发现中国的整体性思维正是麦克卢汉此处所说的"自动化"时期的审美状况。然而遗憾的是,麦克卢汉不了解中国文化,忽略了东方/中国文化的感知和审美形态。虽然在多部著作中,麦克卢汉引用了《老子》和《庄子》。然而麦克卢汉的引用并不是为了进一步发现中国的整体性思

---

① Marshall McLuhan.*Understanding Media:The Extensions of Man*(*critical edition*).Corte Madera:Gingko press,2003.p.32.参见[加]马歇尔·麦克卢汉:《理解媒介——论人的延伸(增订评注本)》,何道宽译,南京:译林出版社,2011年,第29—30页。

② Marshall McLuhan.*Understanding Media:The Extensions of Man*(*critical edition*).Corte Madera:Gingko press,2003.p.61.参见[加]马歇尔·麦克卢汉:《理解媒介——论人的延伸(增订评注本)》,何道宽译,南京:译林出版社,2011年,第55页。

维。比如在《理解媒介》中,麦克卢汉曾引用《道德经》第二十四章的部分内容:"企者不立,跨者不行……自见者不明,自是者不彰"①。麦克卢汉试图说明:"紧随过热的媒介(即过度延伸的人或文化)以后接踵而至的突变和逆转。"②这里的引用只不过是为了论证过热媒介的逆转问题。麦克卢汉对庄子"抱瓮出灌"典故的引用,则主要是佐证海森堡(Werner Karl Heisenberg)指出的"技术变革不只是改变生活习惯,而且要改变思维模式和评价模式"③。就此意义而言,引用《庄子》此部分确实十分恰当。因为此篇强调:"有机械者必有机事,有机事者必有机心。机心存于胸中,则纯白不备;纯白不备,则神生不定;神生不定者,道之所不载也。吾非不知,羞而不为也"④,可以视为海森堡所认为的技术变革将改变思维模式的绝好注解。当然,海森堡所论技术对人的思维模式的改变与庄子谈到的技术对人"纯白"之态和最终体道的损害又不可同日而语。

虽然麦克卢汉没有直接谈到整体化时代的审美感知状况。他所忽视的我们可以给他补全。因为他所谈到的整体化审美感知状况正是中国文化所具有的审美特征。麦克卢汉并没有在著作中直接援引中国的整体化审美资源,他的整体化审美感知存在于电子化时代。这一时代不是自动化或机械化某一种审美感知一统天下的时代,而是自动化和机械化相互渗透的结果。这种相互渗透过程在西方和东方的表现又有所不同。麦克卢汉注意到,具有丰富口语传统和部落化残留的东方正在进行西方化,即产生书面文字与口语的"文化杂交",这将是东方国家面对的极大挑战。就西方而言,自动化将引发口语化社会和部落化结果,这是不可避免的西方文化的宿命。幸运的是,麦克卢汉发现东方文化对西方大

---

① Marshall McLuhan.*Understanding Media*:*The Extensions of Man*(*critical edition*).Corte Madera:Gingko press, 2003.p.60.参见[加]马歇尔·麦克卢汉:《理解媒介——论人的延伸(增订评注本)》,何道宽译,南京:译林出版社,2011年,第54页。原文见老子:《老子今注今译》,陈鼓应译著,北京:商务印书馆,2003年,第167页。

② Marshall McLuhan.*Understanding Media*:*The Extensions of Man*(*critical edition*).Corte Madera:Gingko press, 2003.p.60.参见[加]马歇尔·麦克卢汉:《理解媒介——论人的延伸(增订评注本)》,何道宽译,南京:译林出版社,2011年,第54页。

③ Marshall McLuhan.*Understanding Media*:*The Extensions of Man*(*critical edition*).Corte Madera:Gingko press, 2003.p.94.参见[加]马歇尔·麦克卢汉:《理解媒介——论人的延伸(增订评注本)》,何道宽译,南京:译林出版社,2011年,第83—84页。

④ Marshall McLuhan.*Understanding Media*:*The Extensions of Man*(*critical edition*).Corte Madera:Gingko press, 2003.p.95.参见[加]马歇尔·麦克卢汉:《理解媒介——论人的延伸(增订评注本)》,何道宽译,南京:译林出版社,2011年,第84页。

有裨益。他在《理解媒介》中明确指出："电力时代的内爆还把东方口头的和部落的听觉文化带到了西方。"[1]"带到西方"正意味着东方文化可以给西方片段的、分裂的文化提供一个纠正自身的"他者"。这也是当时西方文化对东方和中国的一贯看法：神秘、与众不同、可以借鉴但永远边缘。但是麦克卢汉不同，他认为东方文化在电子化时代比西方更有优势。因为"落后的非工业化国家在与电磁技术遭遇时，没有专门化的习惯需要克服。不仅如此，它们还保留了许多传统的口头文化，这种文化恰恰又具有新的电磁技术那种整体的、统一的'场'的性质"[2]。麦克卢汉事实上指出了中国文化所具有的整体场性质。虽没有再进行论述，但综合他对电子时代整体场论的肯定，实际上我们可以发现麦克卢汉引而不发却昭然若揭地对中国文化整体性价值的肯定。

抛开麦克卢汉乃至东西之别，我们确实应该对我们自身的媒介状况进行反思。中国文化建立在丰富的口语传统之上，我们的口语传统也必将在"自动化"的冲击下发生变化。正如我们所看到的，在印刷文化还没有牢固树立起自己的权威性之前，互联网社会已经到来。以报纸为例，当我们的纸质媒体还没有充分发挥印刷文化的教育和规范作用时，信息已经通过各种口语化电子设备传播到千家万户，使纸媒举步维艰。如何在今日东西方的文化交流中避免我们自身所具有的整体化审美传统被麦克卢汉所说的机械化审美所同化，使我们的审美状况不至于变成麦克卢汉所反对的，过时了的机械化时代的分裂的审美状况，这应该成为中西比较文化研究的一个重要议题。

其五，"媒介即信息"预示着人与技术将建立新的审美关系。在麦克卢汉看来，人与媒介/延伸/技术之间并不是"统治"与"被统治"的关系，这正是麦克卢汉所批评的流俗之见。他认为媒介/延伸/技术是人发展的必然结果，而媒介/延伸/技术在生理和社会层面都对人发生影响。对此问题他从医学理论、汤因比的历史观和马克思的"人化自然"理论进行讨论。

首先，麦克卢汉借鉴了医学理论，从人体面对刺激时的保护机制来论证技术

---

[1]　Marshall McLuhan.*Understanding Media：The Extensions of Man*（critical edition）.Corte Madera：Gingko press，2003.p.75.参见［加］马歇尔·麦克卢汉：《理解媒介——论人的延伸（增订评注本）》，何道宽译，南京：译林出版社，2011年，第68页。

[2]　Marshall McLuhan.*Understanding Media：The Extensions of Man*（critical edition）.Corte Madera：Gingko press，2003.p.45.参见［加］马歇尔·麦克卢汉：《理解媒介——论人的延伸（增订评注本）》，何道宽译，南京：译林出版社，2011年，第40页。

对人的"截除"的合理性。在《理解媒介》中的"小玩意儿爱好者：麻木性自恋"一节，他借用了医学专家汉斯谢耶和阿道夫乔纳斯的看法。他们认为"我们的一切延伸，无论是病态的还是健康的，都是保持平衡的努力"[①]。因此，麦克卢汉接着说，"他们把人的任何延伸都看成是'自我截除'。为何我们会进行"自我截除"？麦克卢汉将原因归结为人的生存实践。人类生存会不断遭遇外界的强大刺激，当外在的强大刺激远远超过人所能接受的限度，"中枢神经系统就截除或隔离使人不舒适的器官、感觉或机能，借以保护自己"[②]。值得注意的是，外在刺激除了自然、他人之外，还有我们自身所创造的旧的媒介/延伸/技术。也就是说，这是一个循环：旧的媒介/延伸/技术对人产生刺激，为了应对此刺激，我们不得不创造新的媒介/延伸/技术来对自我进行"截除"，达到新的平衡。因此麦克卢汉才认为"自我截除"可以用来说明媒介/延伸/技术的起源。但当我们继续追问，最初的那个媒介/延伸/技术从何而来？麦克卢汉并没有回答。我们可以替他回答：这一问题的解释必须回到马克思的实践观。最初的媒介/延伸/技术是人应对外在自然的挑战而创造出来的。从考古发掘可以看到旧石器时代人们使用了大量石质工具，这些媒介/延伸/技术就是为了应对当时强大的野兽而创造的。当人拿起这些工具，才成为一个真正的人。换言之，只有媒介/延伸/技术才使人成为真正的人。那么如果借用麦克卢汉的说法更进一步地讲，是"自我截除"才使人成为真正的人。这就是"自我截除"的必然性。或者反过来讲，人总是要"自我截除"的。

在论述"自我截除"时，麦克卢汉还区分了"中枢神经系统"和"身体"。麦克卢汉认为，人的"中枢神经系统"在"为感官协调各种媒介的电路网络中，发挥着关键作用"。它是一切感官的核心，最需要保护。我们正是为了保护中枢神经系统而不断进行"自我截除"。因此麦克卢汉认为，"凡是威胁中枢神经系统功能的东西都必须受到遏制，必须把它限制在局部范围或者把它切断，甚至连威

---

① Marshall McLuhan.*Understanding Media：The Extensions of Man*（critical edition）.Corte Madera：Gingko press，2003.p.64.参见［加］马歇尔·麦克卢汉：《理解媒介——论人的延伸（增订评注本）》，何道宽译，南京：译林出版社，2011 年，第 58 页。

② Marshall McLuhan.*Understanding Media：The Extensions of Man*（critical edition）.Corte Madera：Gingko press，2003.p.65.参见［加］马歇尔·麦克卢汉：《理解媒介——论人的延伸（增订评注本）》，何道宽译，南京：译林出版社，2011 年，第 59 页。

胁中枢神经系统的器官都要被截除"①。而"身体"在麦克卢汉看来,是"各种器官构成的一个整体,维持和保护着中枢神经系统,是对付自然环境和社会环境中各种突然刺激的缓冲装置"②。它的作用是在面对"突然的社会失败和羞愧"时,我们通过身体的反应来缓冲对中枢神经系统所受的冲击,也就是他说的"有人会痛心疾首,有人会全身肌肉震颤。这是身体发出的信号,叫人推出构成威胁的环境"③。其实,麦克卢汉对"中枢神经系统"和"身体"的看法并不新奇。影响柏拉图哲学的东方宗教就已经强调"灵魂"与"身体"的二元对立,并将"身体"视为"灵魂"的暂时居所了。麦克卢汉只不过将玄学的"灵魂"一词换成了"中枢神经系统"这一科学术语。古代宗教追求"灵魂"的平衡,麦克卢汉则强调"中枢神经系统"的平衡。为了这一目的,麦克卢汉指出了两种身体层面的抗刺激机制,包括"愉悦"和"舒适"。前者是一种对抗刺激的手段,后者则是以去除刺激作为主要目的的手段。而到了电力技术时代,中枢神经系统发生了变化。它从身体内迁移到了身体外,变成了"在人身体之外延伸出(或者说在体外建立了)一个活生生的中枢神经系统的模式"④。原因在于印刷术的发明,"人体器官功能相继实现机械化"。这样的变化引发的刺激更强烈,人体的中枢神经系统无法承受,所以才延伸出一个外在的中枢神经系统。那么,延伸到外部的中枢神经系统到底是什么呢?它就是麦克卢汉反复强调的"电力系统"。它成为我们外在的神经系统模式。

其次,麦克卢汉借鉴了汤因比的历史逻辑,从刺激——反应的角度来解释媒介/延伸/技术产生的原因。他说,"正是群体压力和刺激的积累,才促发了抗刺

---

① Marshall McLuhan.*Understanding Media：The Extensions of Man*(*critical edition*).Corte Madera：Gingko press，2003.p.64-65.参见[加]马歇尔·麦克卢汉:《理解媒介——论人的延伸(增订评注本)》,何道宽译,南京:译林出版社,2011 年,第 59 页。

② Marshall McLuhan.*Understanding Media：The Extensions of Man*(*critical edition*).Corte Madera：Gingko press，2003.p.66.参见[加]马歇尔·麦克卢汉:《理解媒介——论人的延伸(增订评注本)》,何道宽译,南京:译林出版社,2011 年,第 59 页。

③ Marshall McLuhan.*Understanding Media：The Extensions of Man*(*critical edition*).Corte Madera：Gingko press，2003.p.66.参见[加]马歇尔·麦克卢汉:《理解媒介——论人的延伸(增订评注本)》,何道宽译,南京:译林出版社,2011 年,第 59 页。

④ Marshall McLuhan.*Understanding Media：The Extensions of Man*(*critical edition*).Corte Madera：Gingko press，2003.p.66.参见[加]马歇尔·麦克卢汉:《理解媒介——论人的延伸(增订评注本)》,何道宽译,南京:译林出版社,2011 年,第 59—60 页。

激物的发明和革新"①。在这些压力和刺激中,最主要的是战争。不仅仅是战争时期,备战时期和战后也是刺激媒介/延伸/技术发展的重要时期。麦克卢汉认为其原因在于:"入侵以后的余殃时期和备战时期相比,是一个技术上更加硕果累累的时期,因为臣服的文化不得不调节其全部的感知比率,以顺应入侵文化的影响"②。他认为"媒介/延伸/技术"是应对"刺激"的结果,这一点并无新奇之处。我们也可以轻易发现战争促进技术尤其是军事技术大发展的情况。特殊之处在于,麦克卢汉指出的被入侵文化也会产生大量的"媒介/延伸/技术"。他认为这些"媒介/延伸/技术"产生的实质是对入侵文化的"顺应",创作所采取的手段是调节"感知比率"。那么这里的"感知比率"就应该是群体的感知比率,也即是说,麦克卢汉将个体的感知问题扩大到文化层面,研究文化的整体感知状况了。

最后,借鉴马克思的"人化自然"理论,麦克卢汉谈到了技术与人之间的相互作用,形成"人化自然"的麦克卢汉版本。在马克思的理论体系中,与"人"相对的是"自然"。人通过劳动改造自然,同时又受到自然的改造。麦克卢汉将"自然"替换为"媒介/延伸/技术",将马克思的理论变为人通过劳动改造"媒介/延伸/技术",同时又受到"媒介/延伸/技术"的改造。在《理解媒介》中他说"从生理上说,人在正常使用技术(或称之为经过多种延伸的人体)的情况下,总是永远不断受到技术的修改"③。同时,"反过来,人又不断寻找新的方式去修改自己的技术。人仿佛成了机器世界的生殖器官,正如蜜蜂是植物界的生殖器官,使其生儿育女,不断衍化出新的形式一样。机器世界促进人的意愿和欲望的实现,给人提供物质财富,以此来回报人的呵护"④。其中"受到技术的修改"指的

---

①　Marshall McLuhan.*Understanding Media：The Extensions of Man*(*critical edition*).Corte Madera：Gingko press, 2003.p.70.参见[加]马歇尔·麦克卢汉:《理解媒介——论人的延伸(增订评注本)》,何道宽译,南京:译林出版社,2011年,第63页。

②　Marshall McLuhan.*Understanding Media：The Extensions of Man*(*critical edition*).Corte Madera：Gingko press, 2003.p.70.参见[加]马歇尔·麦克卢汉:《理解媒介——论人的延伸(增订评注本)》,何道宽译,南京:译林出版社,2011年,第63页。

③　Marshall McLuhan.*Understanding Media：The Extensions of Man*(*critical edition*).Corte Madera：Gingko press, 2003.p.69.参见[加]马歇尔·麦克卢汉:《理解媒介——论人的延伸(增订评注本)》,何道宽译,南京:译林出版社,2011年,第62页。

④　Marshall McLuhan.*Understanding Media：The Extensions of Man*(*critical edition*).Corte Madera：Gingko press, 2003.pp.69-70.参见[加]马歇尔·麦克卢汉:《理解媒介——论人的延伸(增订评注本)》,何道宽译,南京:译林出版社,2011年,第62—63页。

就是人被改造的过程,"修改自己的技术"指的是人改造的过程。"受到技术的修改"可以说就是上文所谈到的人改变了"感官比率和感知模式","修改自己的技术"指的就是为了弥补一种"媒介/延伸/技术"造成的失衡而创造新的"媒介/延伸/技术"。麦克卢汉举了"窗户"的例子来说明这一点。

既然"媒介/延伸/技术"与人/社会是这样一种相互生产的关系,那么在这一视野下的审美关系也应该从一种人类中心主义转变为人与"媒介/延伸/技术"并列的二元论。以往的审美关系过于强调作为主体的人在审美关系中的支配作用,但从麦克卢汉的思想中我们可以看到,"媒介/延伸/技术"并不是一个随意摆布的"玩具",而是一个与人相独立的审美主体。正如同他在《机器新娘》中所说的那样,汽车是我们的"性对象",它满足了我们的欲望。故而,新的"媒介/延伸/技术"环境下要关注人的审美问题,必然要考虑"媒介/延伸/技术"所具有的独立的审美内涵。如同语言在 20 世纪不再是一个"工具",包括"语言"在内的更广泛的"媒介/延伸/技术"在 20 世纪也并不仅仅是一个"工具"而已。

其六,"媒介及信息"还包含艺术的免疫作用和艺术创作的审美化策略。麦克卢汉一直认为,"媒介/延伸/技术"会给整个机体带来刺激,这些刺激会引发文化机体的反应,也就是当他说"我们用新媒介和新技术使自己放大和延伸。这些新媒介、新技术构成了社会机体的集体大手术,它可以完全弃消毒剂于不顾"[1]。但是,这种放大和延伸的危险是"如果需要手术,手术中整个系统难免受感染的因素是必须得到考虑的"[2]。为了避免这种感染,需要有东西作为整个社会的免疫机制。麦克卢汉发现"艺术"或许有这样的可能。他说"今天我们开始感觉到,艺术也许能提供这样的免疫机制"[3]。理由如下:

其一,艺术家有远见。麦克卢汉说,"在人类文化史中,还找不到一个例子能够说明:人有意识地调整各种各样个人和社会的因素,去适应新的延伸。唯一的例

---

[1]　Marshall McLuhan. *Understanding Media: The Extensions of Man* (critical edition). Corte Madera: Gingko press, 2003. p.96. 参见[加]马歇尔·麦克卢汉:《理解媒介——论人的延伸(增订评注本)》,何道宽译,南京:译林出版社,2011 年,第 85 页。

[2]　Marshall McLuhan. *Understanding Media: The Extensions of Man* (critical edition). Corte Madera: Gingko press, 2003. p.96. 参见[加]马歇尔·麦克卢汉:《理解媒介——论人的延伸(增订评注本)》,何道宽译,南京:译林出版社,2011 年,第 85 页。

[3]　Marshall McLuhan. *Understanding Media: The Extensions of Man* (critical edition). Corte Madera: Gingko press, 2003. p.96. 参见[加]马歇尔·麦克卢汉:《理解媒介——论人的延伸(增订评注本)》,何道宽译,南京:译林出版社,2011 年,第 85 页。

外是艺术家虚弱无力、处于边缘的努力"①。艺术家的努力虽然是虚弱无力的,但他们"早在文化和技术挑战转换的冲击力出现之前的几十年,艺术家往往就已经探索出这一信息"②。故而艺术家可以给我们警告,使我们提前应对到来的变化。

其二,艺术家可以清醒地摆脱媒介/延伸/技术的麻醉。麦克卢汉认为,电力时代的艺术家可以有更高的地位,他形象地将这一地位的转变称为"离开象牙塔,转入社会的控制塔"。同时,这一变化也被他视为据对必需的转变,因为"在塑造、分析和理解电力技术所创造的形态的力量和结构时,艺术家的作用是必不可少的"③。那么到底谁是艺术家?麦克卢汉在这个问题上独辟蹊径地做了回答,与我们认为艺术家即专门从事艺术生产并以此为职业的传统不同,麦克卢汉认为艺术家"在各行各业里都有。无论是科学领域还是人文领域,凡是能把握自己行为的含义,凡是能把握当代新知识含义的人,都是艺术家"④。那么,什么才是"新知识"?怎么才算"能够把握当代新知识"?"新知识"就是指新的媒介/延伸/技术,所谓"把握"则指不被新的媒介/延伸/技术所"麻木",故而"能够把握当代新知识"指的便是在新的媒介/延伸/技术面前能够保持清醒面对。所以在麦克卢汉看来,艺术家的力量在于他们可以清醒地面对新的媒介/延伸/技术,而不会轻易变得麻木。后者正是一般大众经常所深陷其中的状态。麦克卢汉清醒地认识到,艺术家不能被视为麻醉剂,应该发现他们对新的媒介/延伸/技术拥有的辨认的能力。同样,所谓艺术"是对付下一次技术的心理和社会后果的、准确的、超前的知识"⑤。

---

① Marshall McLuhan.*Understanding Media：The Extensions of Man*(*critical edition*).Corte Madera：Gingko press，2003.p.96.参见[加]马歇尔·麦克卢汉:《理解媒介——论人的延伸(增订评注本)》,何道宽译,南京:译林出版社,2011年,第85页。

② Marshall McLuhan.*Understanding Media：The Extensions of Man*(*critical edition*).Corte Madera：Gingko press，2003.p.96.参见[加]马歇尔·麦克卢汉:《理解媒介——论人的延伸(增订评注本)》,何道宽译,南京:译林出版社,2011年,第85页。

③ Marshall McLuhan.*Understanding Media：The Extensions of Man*(*critical edition*).Corte Madera：Gingko press，2003.p.97.参见[加]马歇尔·麦克卢汉:《理解媒介——论人的延伸(增订评注本)》,何道宽译,南京:译林出版社,2011年,第86页。

④ Marshall McLuhan.*Understanding Media：The Extensions of Man*(*critical edition*).Corte Madera：Gingko press，2003.p.97.参见[加]马歇尔·麦克卢汉:《理解媒介——论人的延伸(增订评注本)》,何道宽译,南京:译林出版社,2011年,第86页。

⑤ Marshall McLuhan.*Understanding Media：The Extensions of Man*(*critical edition*).Corte Madera：Gingko press，2003.p.98.参见[加]马歇尔·麦克卢汉:《理解媒介——论人的延伸(增订评注本)》,何道宽译,南京:译林出版社,2011年,第86页。

因此我们可以说,麦克卢汉肯定了艺术家/艺术在新的媒介/延伸/技术世界的价值。艺术家可以通过矫正感知的比率来防止我们在新的媒介/延伸/技术面前迷失自己。如何调整感知比率呢?我们从前文得知,麦克卢汉认为我们感知比率是通过创造新的刺激来调整。但是,对一个需要新刺激手段来抗衡新的媒介/延伸/技术刺激的人而言,很容易就因为创造出的新刺激而迷失,也就是麦克卢汉所说"抗刺激手段常常被证明是比初始的刺激更大的灾害,像吸毒一样的灾害"①。所以艺术给我们新的刺激,不能"硬碰硬",而要"避开打击的锋芒"。也就是说不能直接通过制造更强大的刺激取代新的媒介/延伸/技术的刺激,而是通过一定的手段"避开打击的锋芒"来达成最终目的。如何才能避开新的媒介/延伸/技术的打击?艺术家依靠的正是审美的手段。

麦克卢汉并没有直接论述如何"避开打击的锋芒",但我们可以延伸麦克卢汉。所谓"打击",如前文所述,是对大众的感官和神经系统的控制和麻木作用。艺术家能够避开打击,但是艺术品面对的大众却无法避开打击。大众迅速被"新玩意儿"所吸引和麻醉,如同麦克卢汉在《机器新娘》中所批判的广告,它迅速成为大众喜闻乐见的东西。麦克卢汉虽然揭示了广告的麻木性,但不读《机器新娘》的大众将不会意识到这一点。然而,一部小说、一部电影、一幅绘画作品却可以因为其生动的人物、丰富的情节、优美的线条告诉大众广告的麻木性。因此艺术家通过审美加工,绕开大众已经深陷其中的部分,不"硬碰硬"地告诉大众"你被麻木了",而是通过审美方式告诉大众,这样才会更有胜算。这就是麦克卢汉所说的"避开锋芒的打击"策略的价值。因此麦克卢汉虽没有明确表述但十分强调的,正是在新的媒介/延伸/技术刺激下使用审美策略的重要性。

第三节 麦克卢汉"地球村"的四重内涵

已成为当代流行词汇的"地球村"("Global Village")是由媒介生态学家麦克卢汉在20世纪60年代提出的重要媒介概念。从语词及其内涵的发展史看,

---

① Marshall McLuhan.*Understanding Media：The Extensions of Man*(*critical edition*).Corte Madera：Gingko press，2003.p.98.参见［加］马歇尔·麦克卢汉:《理解媒介——论人的延伸(增订评注本)》,何道宽译,南京:译林出版社,2011年,第87页。

"地球村"在麦克卢汉早期代表作《机器新娘》(1951)中就已经萌芽①,在他与埃德蒙·卡彭特合著的《听觉空间》(1960)一文中明确出现②,在《谷登堡星汉璀璨》(1962)和《理解媒介》(1964)中成熟,最后才在麦克卢汉的《地球村的战争与和平》(1968)和遗著《地球村》(1989)等著作中作为讨论关键词出现。国内对此词的使用可以追溯到1985年谢剑飞的《朋友来自地球村》一文(《南风窗》1985年07月),此文中的"地球村"因为包含了"Global Village"的部分意味,导致"Global Village"一直被译为"地球村"。回顾国内对"Global Village"概念的使用和研究,我们发展以下两个现象。首先,学术界对"Global Village"的理解还局限在传播学范围内。在译介初期,学术界主要讨论"Global Village"的地理和信息科技层面的内涵,本世纪初才开始对其传播学价值进行关照。其次,大众对"Global Village"的理解基于电信技术对人际交往中"距离"的消灭,即电信技术导致的全球"村落化"状态。此含义切中大众对电信技术的切身感知,容易得到大众的理解和赞同。这种理解又不断巩固了"Global Village""地球村"译法的合理性。上述两种现象的共同之处是抓住了"Global Village"的媒介内涵。然而我们一方面承认"Global Village"确实具有媒介内涵,另一方面也发现它所带来的恶果:"Global Village"的媒介内涵对其他内涵的遮蔽。出现此问题的原因有二:

第一,是"Global Village"的翻译问题。将"Global Village"翻译为"地球村"是片面地从媒介维度对其进行理解,而忽视了"Global Village"的其他内涵。因此这一译法是值得商榷的。"Global Village"中的"village"确能翻译为"村落",毕竟基于电信技术所出现的传播媒介在虚拟世界中确实"消灭"了物理距离,似乎是我们同在一个"村落"。然而若将"Global"翻译为"地球"却不能令人满意。

---

① 麦克卢汉在《机器新娘》一书的第一篇《报纸头版》中,谈到了量子论和相对论物理学。他认为它们可以"使我们了解世界的许多真相,给我们新的解读方式、新的洞察力,并使我们了解宇宙的结构",并进一步指出"这两种理论说明:从今以后,这个行星已经结为一个城市"。这是"地球村"之意的最早表达。参见麦克卢汉:《机器新娘—工业人的民俗》,何道宽译,北京:中国人民大学出版社,2004年,第3页。

② "Postliterate man´s electronic media contract the world to a village or tribe where everything happens to everyone at the same time:everyone knows about, and therefore participates in, everything that is happening the minute it happens.Television gives this quality of simultaneity to events in the global village".*Acoustic space.*(with Edmund Carpenter).In Edmund Carpenter and Marshall McLuhan ,eds., Explorations in Communication:An Anthology(Boston:Beacon Press,1960),65-70.

理由有二:首先从"Global"这一词汇的本意看,它指的是"全球"而非"地球"。"Global"与"Earth"的区别在于前者描述了行星的空间形象性,而后者侧重的是我们这个行星的天文和地质意义。其次从对"Global"的使用上看,"Global"衍生出的"Globalization"一词已经被翻译为学界无疑义的"全球化",成为当代重要的文化概念。由此我们认为"Global Village"确切的翻译应为"全球村"。这样既可以照顾中英词汇的精确对应关系,又便于理解"Global Village"与"Globalization"之间的内在关联。因为毕竟所谓"Globalization"正是基于"Global Village"的政治、经济和文化景观。由于将"Global Village"翻译为"地球村",忽视了"地球村"中"Global"的内涵,进而出现了对"Global Village"的不完整理解。

第二,对麦克卢汉研究不够深入。学术研究本就有诸多受限之处,"Global Village"概念进入中国之时,麦克卢汉著作译介较少,给完整理解麦氏"Global Village"的内涵带来障碍。另外,麦克卢汉最初的译介者强调麦克卢汉的媒介理论,导致接受者将麦克卢汉仅视为传播学学者。这阻碍了学术界对"Global Village"概念进行文学和审美把握。

随着近年来对麦克卢汉著作的不断翻译和研究,国内学界与国际麦克卢汉研究者交流的日益增多,麦克卢汉的多重价值被逐步发现。尤其是他的媒介理论中所包含的审美和人文内涵正被越来越多的学者所认同。国际学术界对麦克卢汉的美学和人文研究方兴未艾。代表人物有加拿大多伦多大学麦克卢汉研究部负责人多梅尼可·谢弗尔-杜南(Dominique Scheffel-Dunand)教授、意大利的艾琳娜·兰博迪(Elena Lamberti)教授、英国的乔纳森·哈特(Jonathan Hart)教授、加拿大的马克·阿德里亚(Marco Adria)教授、奥地利的克里斯蒂娜·莎特娜(Christina Schachtne)教授、美国的张先广(Peter Zhang)教授等。国内对媒介生态学和麦克卢汉进行美学和文化研究的学者有金惠敏研究员、易晓明教授、尤西林教授、李西建教授、陈奇佳教授、王莹研究员和李昕揆、陈海等。我们高兴地看到,随着麦克卢汉研究的国际学术合作越来越深入,一个越来越丰富的麦克卢汉正在形成。

金惠敏关于"Global Village"有着丰富精彩的见解,这些论述正成为麦克卢汉美学研究的突破口。在为2014年9月在西安召开的"麦克卢汉/媒介研究与当代文化理论"国际研讨会会议论文集所作的"序"《理解媒介的延伸——纪念麦克卢汉〈理解媒介:人的延伸〉发表50周年》中,他认为,"我们只是在媒介的意义上生活在'地球村',然其根底里则是一个美学的或曰感性的概念。通过'地球村'以及电子媒介所创新的'听觉空间',麦克卢汉发起了对建立在机械化基础上的理性主义的猛烈批判,同时在电子媒介的世纪看到了古老的整体感性的新生,看到了艺术或生态的复苏"。他引用了麦克卢汉具有整体感性的"生态"论述:"也许我们可以能够想象到的最伟大的信息革命发生在 1957 年 10 月17 日(应为 4 日——引注),其时人造卫星为地球创造了一个新环境。自然世界第一次被完全囊括在一个人造的容器之中。在地球走进这一新的人工制品时,自然终结了,而生态(ecology)却诞生了。一旦地球上升至艺术作品的位置,'生态'思维便成为不可避免的事情。"①在 2014 年 10 月 23 日的《社会科学报》上,金惠敏发表《作为一个美学概念的"地球村"》一文,进一步明确指出"地球村"是一个"媒介美学"概念或"美学媒介"概念。他认为"地球村"的美学性在于,"首先,'地球村'意味着一种'同时性';第二,这种'同时性'只发生在'感觉'层面;那么,第三,如所周知,感觉的便是美学的"②。本书将从麦克卢汉经典著作出发,考察"Global Village"所具有的时空、媒介、思维和审美内涵。这四重内涵层层递进,共同构成了一个完整的"Global Village"。这样,"Global Village"超越"地球村"的"全球村"之意也将呼之欲出。以下为行文方便,我们依然将"Global Village"称为"地球村"。

一、"地球村"的时空内涵

麦克卢汉的"Global Village"最直接和明显的内涵是电力技术造成的时空压缩、全球一体的状态以及由此状态引发的后果。在此意义下,"Global Village"确实可翻译为"地球村"。因为它意味着地球成为了一个新的"整体",这一整体被麦克卢汉称为"村落"(晚期麦克卢汉更进一步产生了"Global City"的构想)。

首先,麦克卢汉明确指出了电磁波或电力技术是促成"地球村"出现的原因。在《谷登堡星汉璀璨》中,他说:"电磁波的发现已经重新塑造了所有人类事

① Marshall McLuhan, *At the Moment of Sputnik the Planet Became a Global Theater in Which There Are No Spectators But Only Actors*, *Marshall McLuhan Unbound*(05), ed.Eric McLuhan & W.Terrence Gordon, Corte Madera, CA:Gingko Press, 2005, p.4.

② 金惠敏:《作为一个美学概念的"地球村"》,《社会科学报》2014 年 10 月 23 日。

务的同步'场',从而使人类大家庭存在于'地球村'的条件下"①。我们应该注意到麦克卢汉在此十分天才地将电磁波所具有的"场"的概念类比到人类所有事务,认为人类事务在当代也具有一个同步"场",这个"场"的形象说法就是"地球村"。这正是"地球村"作为"地球村"内涵的核心:它其实是电磁波具有的"场"的一个类比,而非实际存在。也就是说,这里要十分小心这一理解陷阱:虽然我们谈"地球村"的"村落"意义,但实质上"地球村"只是一个电磁波意义上的"村落",而非实际的"村落"。只有这样才能理解麦克卢汉所说的"存在于'地球村'的条件下"这一措辞的严谨性。在《理解媒介》中,麦克卢汉也明确指出,我们这个世界在三千年的分工之后走向了"专业化"和"异化"。技术不仅没有扩大我们的世界,反而使世界变小,尤其是电力技术的出现导致"我们这个地球只不过是一个小小的村落"②。作为电力技术的结果,麦克卢汉认为这种"电力"具有一种"内爆"的性质,他说"机械形式转向瞬息万里的电力形式,这种加速度使外向爆炸逆转为内向爆炸"③,此"内爆"即"压缩",即电力压缩了时空。他将宇航员作为内爆即压缩的极端例子,认为宇航员"被紧锁在一块弹丸大小的密封空间中。他非但没有拓宽我们的世界,反而宣布我们的世界缩小到了一个村庄的规模"④。

其次,既然是"电力"技术导致了一个时空压缩的地球村出现,那么到底什么是"电力"技术? 麦克卢汉对此并没有详细论述,有时他指偏重于电力网络,有时又偏重指电讯技术。在今天这当然是两个概念,但在麦克卢汉的使用中并无根本差异。比如他说"电讯传播瞬息万里的特性,不是使人类大家庭扩大,而是使其卷入村落生活的凝聚状态"⑤。此处他的电讯传播也可以用电力网络取代。

最后,麦克卢汉指出此地球村带来的后果:部落化。按他的说法,人类发展

① Marshall McLuhan.*The Gutenberg Galaxy:the making of typographic man.*Toronto:University of Toronto Press,2011.p.36.

② Marshall McLuhan.*Understanding Media:The Extensions of Man(critical edition)*.Corte Madera:Gingko press,2003.p.6.

③ Marshall McLuhan.*Understanding Media:The Extensions of Man(critical edition)*.Corte Madera:Gingko press,2003.p.55.

④ Marshall McLuhan.*Understanding Media:The Extensions of Man(critical edition)*.Corte Madera:Gingko press,2003.p.395.

⑤ Marshall McLuhan.*Understanding Media:The Extensions of Man(critical edition)*.Corte Madera:Gingko press,2003.p.152.

经历了一个部落化——非部落化——重新部落化的历程。谷登堡时代之后,人类将在电力网络或电讯技术下,进入"重新部落化"的历史阶段。他反复强调此"部落化"的必然性。在《谷登堡星汉璀璨》中,他说,"在电报和无线电发明之后,整个地球在空间上变得狭小了,变成了一个大村落。自从电磁波发现之后,部落化是我们唯一的出路"①。因为在麦克卢汉看来,新媒介必然导致人类感官发生偏向,而感官偏向也将导致建构社会组织的偏向。所以所谓"部落化"当然并不是指人类重新回到原始部落时代结合成为一个大部落,而是指人类将基于新的媒介技术产生的一种新的社会组织形式。这种形式的内核是对谷登堡印刷术出现之后确立的视觉文化统治的反抗,是恢复听觉文化的过程。换句话说,麦克卢汉认为"地球村"的文化后果是建立一个听觉社会。在这些论断的背后,我们看到麦克卢汉隐藏的逻辑理路:从技术出发考察人类感知模式的变化,进而发现人类文明呈现方式的变化。其中尤为宝贵的是麦克卢汉从媒介到感官再到人类文明组织形式的这一研究方法论。

如前所述,麦克卢汉在其早期代表作《机器新娘》中已经出现了"地球村"的萌芽。在《机器新娘》中,麦克卢汉批评了当时被忽视的诸多流行媒介,包括广告、漫画、电影和流行音乐等。这些流行媒介作为电力/电讯时代的产物,同时又显示出电力/电讯时代的某些隐而不显的内容。麦克卢汉的贡献在于,他不但注意到了被主流学术界忽视的流行媒介,而且将流行媒介的分析置于"地球村"的宏观视野之下。比如分析广告作品,麦克卢汉在对广告内容的虚伪性进行冷嘲热讽之余,更发现了广告的当代价值:"部落的新战鼓"。这样就引出了我们对"地球村"媒介意义的考察。

二、"地球村"的媒介内涵

如上所述,麦克卢汉的"地球村"首先指电力/电讯对时空的压缩,结果导致人类社会新的部落化,即从视觉社会到听觉/口语社会的过程。这一过程必然伴随着新媒介的崛起,或者反过来讲,新媒介的崛起印证了"地球村"的形成。其

①　Marshall McLuhan. *The Gutenberg Galaxy: the making of typographic man.* Toronto: University of Toronto Press, 2011. p.249.

实,"地球村"不仅是新媒介的产物,而且是新媒介的载体。"地球村"作为新媒介的产物,是指当代多种电子技术产生的新媒介产品导致了"地球村"所具有的压缩时空功能的实现。而"地球村"作为新媒介的载体,是指其本身是新的技术媒介发挥作用的场所。值得指出的是,麦克卢汉讨论"地球村"时所说的"媒介"并不是传播学意义上的一般媒介,而是他着重指出的电力或电讯时代所出现的新媒介。如果我们将麦克卢汉进行延伸,那么这一新媒介将是基于电力/电子/数字技术的新工具。它包括麦克卢汉时代的广播、电视,也包括我们这个时代的互联网、手机等。正如我们看到的,此类电子媒介可以跨越时空距离,将物理时空扭曲、拉伸乃至再造。我们欣赏通过摄影技术保存的照片就是典型的跨越时间的行为,而各种视频通话技术可以让不同地域的人们进行面对面交流,这又是典型的对空间的跨越。

在此种媒介意义下,麦克卢汉对"地球村"的看法很明确:"在口语社会中,社会组成部分的相互依存是社会总体结构中原因和效果即时互动的结果。这是一个村庄的特征,或者因为电子媒介,这也是地球村的特征"[1]。也就是说,"地球村"的特征就是"原因和效果的即时互动",这正是"地球村"在媒介层面的核心内涵。为何媒介层面的"地球村"具有即时互动性?因为所谓"即时"包含对时空的跨越,而"互动"更强调了特定时空关系中所建立的新型人际关系。"地球村"既有对时空的跨越,又同时指向基于电力/电子/数字技术媒介来建立新的人际关系,那么它自然是"即时互动"的。麦克卢汉非常强调"地球村"的"即时互动"性,认为这是建立新的口语社会和听觉社会的必须。

那么,"即时互动"为何能够在"地球村"时代出现呢?若从技术层面考察,答案正是我们谈到的"地球村"的第一层含义:电力技术的出现。其实麦克卢汉的遗漏在于,他所说的电力技术与我们今天所说的电子/数字技术是完全不同的。麦克卢汉所说的电力技术是对电子运动所具有的物理属性的初步运用,进而构建了基于电子运动的广播和电视系统。此时的"地球村"正是建立在此应用之上的媒介后果。而今天的电子/数字技术则不仅是依赖电子运动的物理属性,而是通过各种数字设备对整个世界的"表象"进行数字编码,进而通过超高

---

① Marshall McLuhan. *The Gutenberg Galaxy : the making of typographic man.* Toronto : University of Toronto Press,2011.p.25.

速的数字处理和传播技术来实现数字信息的交流。在麦克卢汉时代,互动的内容只是电子运动制造的模拟物理信号,限制了交互的数量和质量。而今天的数字技术可以将整个世界所有视像的、听觉的乃至一切感知的对象都进行了数字化编码,进而通过数字交换和解码达到交互效果。这样就极大增加了信息交互的数量,提高了信息交互的质量。以电视为例,就是模拟信号电视与数字信号电视的区别。

然而,这样的"即时互动"也会出现问题:数字技术下的"即时互动"基于数字技术对世界的数字编码,所以"互动"的不是对象本身,而只是对象的影像。以当下流行的网络视频为例,个体的身体被数字化编码之后可以进行视觉和听觉的信息互动。但互动的只是数码化了的身体"影像",人的真正"肉身"绝不可能真实地存在于这些对话场景中。数字的编码无法对"肉身"进行,或者说"肉身"具有抵抗编码的牢固性。在此意义上,"肉身"当然是反数字化的。我们无论如何通过技术扭转时间和空间,扭转的也只是一个虚拟的数字时空,而"肉身"总是牢固地在那里(数字技术辅助基因工程实现人体寿命的延长则是另一个问题)。这也是"地球村"所具有的"即时互动"含义的局限:"地球村"时代的媒介,只是一个忽视身体存在的媒介,只能是数字媒介,而不是一个身体性媒介。我们的身体永远不可能在一个"地球村"之中,而是被时空分割地存在。假使麦克卢汉来到今天,即便看到如此众多的即时互动技术,他也应该同意:人类个体的"互动"、社群的交流乃至国家之间的沟通,都不是不言自明的"即时"和"通畅"。产生这一困境的技术原因在于我们必须经过光的媒介才有可能进行即时互动,而光虽是无限,但其经由技术的传播却是有限的。更进一步,这一困境的原因还在于伊尼斯所指出的任何技术都具有的"偏向"。用马克思哲学来考察,那么偏向则是技术所固有的。因为任何一种技术都只是多维的人的一维"本质力量"的延伸,而不是一个丰富的、全面的人的延伸。这样的延伸使整体付出代价(比如私有制下的"异化"劳动)。麦克卢汉也同意技术既是对人的感官的延伸,同时也是"截除"。既然这样,"地球村"的即时互动性也就应该被谨慎对待了。

三、"地球村"的思维内涵

即时互动的新媒介工具之所以源源不断地出现,正在于当代的"共时"思维。新媒介工具的生产机制及预期效果正在于对"共时"思维的实现。这也是麦克卢汉的"地球村"所具有的思维内涵,他认为"地球村"是用共时性逻辑取代了工业时代的线性逻辑。关于媒介导致的思维共时性和线性的差异,麦克卢汉说过多次。在《机器新娘》的第一篇《报纸头版》中,麦克卢汉这样评价量子论和相对论物理学:它们"使我们了解世界的许多真相,给我们新的解读方式、新的洞察力,并使我们了解宇宙的结构"①。麦克卢汉进而指出,"这两种理论说明:从今以后,这个行星已经结为一个城市"②。不用在意麦克卢汉说的是"村落"还是"城市",因为它们都是对地球这一个本来无比巨大的对象进行的空间压缩。关键在这里,麦克卢汉认为造成时空压缩的正是量子论和相对论这样的新理论和新思维。它们的威力在麦克卢汉看来绝不仅仅发挥在物质生产领域,而是如他多次强调的那样,新科学理论的威力在于对人思维方式的改变。那么,量子论和相对论为何能够促使"行星结为一个城市"呢? 从理论内容上看,量子论与相对论其实并不一致,它们之间存在至今难以调和的冲突(爱因斯坦与波尔的争论)。但麦克卢汉并没有将对此二者进行明显区分。对于文科生麦克卢汉,量子论和相对论都意味着思维方式的整体性与共时性。

首先,量子论具有整体性思维。众所周知,量子力学并不仅在物理学领域发挥了巨大的革命性作用,而且改变了整个人类世界的图景。量子的"引入导致了一系列基本概念的改变:连续轨迹的概念被打破,代之以不连续的粒子跃迁概念;严格决定论的概念被打破,代之以概率决定论;定域的概念被打破,代之以整体性概念"③。波粒二象性、测不准原理、定域性破坏等摧毁了传统经典力学的世界观,带来了麦克卢汉频繁引用的"整体性"。麦克卢汉在《谷登堡星汉璀璨》中指出:"现代物理学家与东方场论亲如一家"④。之所以能够亲如一家,原因在于他发现了量子理论家海森堡与哲学家庄子的共同之处:对整体性的强调。庄子对整体性的强调体现在麦克卢汉多次引用的《庄子》"抱瓮出灌"的故事,在此

---

① [加]马歇尔·麦克卢汉:《机器新娘——工业人的民俗》,何道宽译,北京:中国人民大学出版社,2004年,第3页。

② [加]马歇尔·麦克卢汉:《机器新娘——工业人的民俗》,何道宽译,北京:中国人民大学出版社,2004年,第3页。

③ 吴国盛:《科学的历程(第二版)》,北京:北京大学出版社,2013年,第445页。

④ Marshall McLuhan. *The Gutenberg Galaxy:the making of typographic man*. Toronto:University of Toronto Press, 2011.p.33.

不再赘述。而海森堡对整体性的强调不在其提出的矩阵力学方程,而在于鼎鼎大名的"测不准原理"。前者是基于可观测的辐射对量子波动进行数学运算,而后者正是麦克卢汉兴趣之所在。因为海森堡的"测不准原理"指出,任何一个粒子的位置和动量不可能同时准确测量,要准确测量一个,另一个就完全测不准。这一原理实质上指出了粒子之间的相互同步纠缠态。同理,物质世界由粒子组成,也可能呈现出粒子纠缠态。对此麦克卢汉深有体会,他在《谷登堡星汉璀璨》中这样描述海森堡们:"现代物理学不仅抛弃了笛卡尔和牛顿专门化的视觉空间,而且它还再次进入了非文字世界的微妙的听觉空间。在最原始的社会,正如在现时代,这样的听觉空间就是包涵了各种同步关系的整体场……"[1]由此看来麦克卢汉不仅理解了海森堡"测不准原理"的实质,而且将物理学理论推进到了思想领域。他一直津津乐道的"场"的特性正是基于海森堡的"测不准原理"提出的。其实麦克卢汉可以更进一步,整个量子力学不仅是一个粒子理论,更可视为一个将主体与客体相互交融的新世界观。因为所谓测量只能是主体的测量,测不准现象的发生正是因为引入了主体所发生的现象。这是对西方传统主客二分思维中忽视主体对系统影响的颠覆。

其次,相对论指向共时性。提到相对论就不能不提爱因斯坦,正是爱因斯坦的相对论引起了物理学革命。爱因斯坦的广义和狭义相对论"革新了物理科学的基本概念框架。……由于时空与物质及其运动之间发生了关联,世界图景成了'时空—场—物质—流形'"[2]。麦克卢汉虽然在著作中没有直接谈到爱因斯坦,但他的时空观、场论乃至对物质的看法到处都有爱因斯坦的影子。对于麦克卢汉而言,爱因斯坦的最大价值就在于其指出了时空是物质的一种波,而物质本身就是一种能量($E = m^2$),这种能量又在量子论的视野下呈现为粒子的相互振荡。他在《理解媒介》中指出,"我们专门化的、分割肢解的中心—边缘结构的文明,突然又将其机械化的碎片重新组合成一个有机的整体,而且这一重组又是瞬间完成的。这是一个地球村的新世界"[3]。麦克卢汉既强调了地球村形成的"瞬

① Marshall McLuhan. *The Gutenberg Galaxy: the making of typographic man.* Toronto: University of Toronto Press, 2011. p.35.

② 吴国盛:《科学的历程(第二版)》,北京:北京大学出版社,2013 年,第 434 页。

③ Marshall McLuhan. *Understanding Media: The Extensions of Man(critical edition).* Corte Madera: Gingko press, 2003. p.130.

间"性,又强调了地球村作为一个"有机的整体",此"有机的整体"与"机械化的碎片"相对,是非线性的整体。那么什么是"有机"? 它就是爱因斯坦相对论的时间—空间一体化状态。这一意义上的"瞬间的有机整体"就是"地球村"的共时性源头。麦克卢汉在《谷登堡星汉璀璨》中谈到视觉和听觉时如此强调:"听觉场具有并发关系,而视觉模式是连续性的"①。"并发"而非"连续"正是相对论与机械力学的根本区别。这些明确展示了"地球村"的共时性。

20世纪的量子论和相对论是现代物理学的最大成果,直接导致整体性和共时性技术的大量出现。反过来讲,今日的生产和生活工具带有明显的整体性和共时性特征。如果我们承认技术以及衍生工具的塑造性,那么整体性和共时性的技术和工具也必然会塑造我们。它不仅作用于人的外在行为,更作用于人的内在的心灵。新批评出身的麦克卢汉自然不会忽视整体性和共时性技术对人类艺术与审美活动的影响。因此我们有必要对"地球村"的美学内涵加以探讨。

四、"地球村"的美学内涵

麦克卢汉对"地球村"的论述不仅涉及时空、媒介和思维内涵,而且还强调了"地球村"的美学内涵。我们将其归结为"地球村"的感官、感觉和情感三个层面。如果我们还记得鲍姆嘉通对感性的强调,还记得康德对审美判断力的分析和辩证,那么毫无疑问,"地球村"的感官、感觉和情感内容显示出丰富的审美性。

1. 感官的电子膨胀

麦克卢汉在《谷登堡星汉璀璨》中专辟一节谈"地球村",题目为"全新的、电子的相互依存关系将整个世界重新构建为一个'地球村'"②,讨论了上文所述"地球村"基于电力技术的时空压缩和即时互动等内容。然而应该注意的是,麦克卢汉开头引用了德日进在《人的现象》中的论述:"尽管似乎在自我膨胀,每个人都一点点地扩展在地球上的影响范围。出于同样的原因,地球在一点点缩小"③。

---

① Marshall McLuhan. *The Gutenberg Galaxy：the making of typographic man*. Toronto：University of Toronto Press，2011.p.127.

② Marshall McLuhan. *The Gutenberg Galaxy：the making of typographic man*. Toronto：University of Toronto Press，2011.p.36.

③ Marshall McLuhan. *The Gutenberg Galaxy：the making of typographic man*. Toronto：University of Toronto Press，2011.p.37.

这确实是对地球村时空压缩的强调。然而应该注意的是,德日进进一步认为"以发现电磁波为代表的奇妙的生物学事件,使每个人发现从今以后(积极地和消极地)可以同时在不同的地点表达自己的观点,在陆上,在海上,在地球的每一个角落"①。德日进不仅强调了地球村的时空压缩性质,而且明确指出其对人的影响。他使用"同时在不同地点表达自己的观点"这一说法揭示了当代人的表达形态的变化。麦克卢汉对此深表赞同,并进一步引申了德日进,指出"(德日进)用毫不批判的热情接受了我们各种感官的电子膨胀。这种感官的电子膨胀构成了一张宇宙膜,将整个地球囊括其中"②。麦克卢汉的引申指出了德日进所揭示的人的表达形态变化的深层原因,即"感官的电子膨胀"。既然我们一直强调美学的源头是感性,如鲍姆嘉通所说美学是在理性视野内对人的感性能力的探讨,那么"感官的电子膨胀"就必然撬动了美学的基石。麦克卢汉对此当然心知肚明,他明确指出,在感官从视觉向听觉变化这一过程中将出现电子时代的审美规范逐步取代印刷时代的审美规范的现象。在《谷登堡星汉璀璨》中,麦克卢汉谈到了印刷时代审美的视觉性、世俗性和技术性特征,而将要取而代之的是电子时代的听觉性、神圣性和技艺性特征。

面对已经发生的变化,麦克卢汉指出,"除非认识到这种动态的变化,否则我们会立刻陷入一种恐慌状态,尤其是在一个共鸣于部落的鼓声、整体互相依存、叠加共存的小世界"③,这种恐慌,在雅克巴尔赞和卡洛瑟斯的作品中都有涉及,即基于现代技术的恐慌。正如麦氏指出的,"我们长期致力于为西方世界恢复认知、思想和感情的统一,但我们既没有准备好去接受部落化的统一,也没有准备好接受印刷文化所导致的人类精神世界的分裂"④,这也正是当代审美矛盾出现的内在原因。

2. 感觉的电子化

感官的电子膨胀是电力时代的人的感官的延伸,这种延伸将引发人对世界的

---

① Marshall McLuhan. *The Gutenberg Galaxy: the making of typographic man*. Toronto: University of Toronto Press, 2011. p.37.

② Marshall McLuhan. *The Gutenberg Galaxy: the making of typographic man*. Toronto: University of Toronto Press, 2011. p.37.

③ Marshall McLuhan. *The Gutenberg Galaxy: the making of typographic man*. Toronto: University of Toronto Press, 2011. p.37.

④ Marshall McLuhan. *The Gutenberg Galaxy: the making of typographic man*. Toronto: University of Toronto Press, 2011. p.37.

感觉的差异。因为感觉总是来自对象的感觉。在康德那里,所谓"对象"就是由不可知的那个本来存在(物自体)在我们先天感性能力中的显现。既然人的感官发生如此巨变,那么对对象的感觉也必然发生变化。当然我们也知道,康德所说的人的感性能力是"先天的"时空能力。而麦克卢汉所说的人的感官的延伸是"后天的",指的是电力技术对人的感官的延伸,结果是感觉的听觉化、即时性、共时性等。我称之为感觉的电子化,或电子化的感觉。然而无论是康德的先验感性还是麦克卢汉强调的后天电子化感性,不同感性模式(麦克卢汉十分推崇伊尼斯的"偏向"论)能够建立不同的认识体系。从当代人的生存论层面上考察,麦克卢汉的电子感觉既可视为康德先验感性认识论的有益补充,又是当代人确立认识的首要认识模式。

在《理解媒介》中,麦克卢汉进一步谈到这种电子化感觉带来的感知后果。他说,"由于瞬息万里的电力技术,地球再也不可能超过一个小小村落的规模。城市大规模形态的性质,必然要像淡化出的电影镜头一样逐渐消融。文艺复兴时期首次环绕地球的航海,给人一种拥抱和占有地球的感觉。最近宇航员环绕地球的飞行也一样,它改变了人对地球的感觉,使之缩小到黄昏漫步时弹丸之地的规模"①。地球作为我们传统感觉领域的庞大对象,变成了电子化感觉中的"弹丸之地"。虽然此"弹丸之地"只是通过数字编码后的外在表象的压缩,并不是地球的物理性状真的发生了改变。然而一个对象在我们感觉中的形象其实就是我们意识中有关对象的全部,所以原来那个庞大的地球已经真的被消灭了,而非虚假地消灭。地球在电子感觉下也确实"是"一个弹丸之地。正如胡塞尔所强调的那样,没有"空意识",也没有"空对象"。在电子时代的感性讨论中,我们重新发现了胡塞尔现象学提出"先验意识"的价值所在。此时的现象学可以称为电子现象学。

3."地球村"中的情感模式

电子技术对对象的数字化编码,不仅如上所述改变了人对对象的感觉,更重要的是改变了人与对象的关系。麦克卢汉指出,原来的"许多分析家被电力媒介误导,因为从表面上看它们具有拓展人的空间组织的能力,然而实际上它们抛弃而非拓展了空间的一维"②。这是麦克卢汉对电力媒介的感性效果的重申,也

① Marshall McLuhan.*Understanding Media:The Extensions of Man*(critical edition).Corte Madera:Gingko press,2003.p.454.

② Marshall McLuhan.*Understanding Media:The Extensions of Man*(critical edition).Corte Madera:Gingko press,2003.p.341.

是时空压缩后的对象所具有的感性样态。那么下面的问题是,既然电力媒介具有如此的效能,那么人与对象的关系和以往相比有何差异?麦克卢汉指出,"借助电力媒介,我们到处恢复了面对面的人际关系,仿佛以最小的村落尺度恢复了这种关系。这是一种深刻的关系,它没有职能的分配和权力的委派。有机的东西到处取代了机械的东西。对话代替了单向的讲授"①。显然,麦克卢汉认为"地球村"中的人际关系是一种村落之中村民的关系,它体现为"面对面"和"对话"。只有在电力时代,借助光速的媒介才能为整个地球的所有个体提供进行"面对面""对话"的可能。麦克卢汉对此关系有一个很重要的描述,称为"有机"。前文已经讨论过,所谓"有机"的实质就是整体性和共时性,而非经典物理学中的顺序性和等级性。受到量子论和相对论的影响,麦克卢汉将之称为"没有职能的分配和权力的委派"的对话状态。我们完全有理由相信,相比较以往的对话状态,这种面对面的对话状态将引发对话双方情感的改变。金惠敏研究员在其《媒介的后果》一书中指出了"趋零距离"对文学和审美的影响,精彩概括了对话状态引发对话者情感变化这一事实的美学内涵②。当然,金惠敏教授看到的是在此条件下文学和审美的永存,而非在距离消失之后审美价值的丧失。

虽然这样,麦克卢汉也指出了面对面交流所带来美学问题,他在《理解媒介》中专门指出:"广播使信息传播加快,信息加快同时又加快了其他的媒介。它确实把世界缩小为小小的部落,造成了'村民'难以填平的闲话、传言和人身攻击的欲壑。虽然它使世界缩小为一个村落,可是它并不具备使村民同质化的效能。恰恰相反,……。电台不仅是唤醒古老的记忆、力量和仇恨的媒介,而且是一种非部落化的、多元化的力量。其实,这是一切电力和电力媒介的功能"③。的确,无论"地球村"的物理空间如何被技术压缩,人的情感却并不会因为物理时空的压缩而更和谐,就如同不会因为物理时空的延展而淡漠。关键问题是,虽然"闲话""传言"和"人身攻击"问题各个时代都有,然而只有在电子媒介时代,它才具有了越来越强大的威力。近年来韩国艺人屡屡自杀,其深层原因之一就

---

① Marshall McLuhan.*Understanding Media:The Extensions of Man(critical edition)*.Corte Madera:Gingko press, 2003.p.341.

② 金惠敏:《媒介的后果——文学终结点上的批判理论》,北京:人民出版社,2005 年,第 6—28 页。

③ Marshall McLuhan.*Understanding Media:The Extensions of Man(critical edition)*.Corte Madera:Gingko press, 2003.p.408.

是没有制约的电子传媒对事件的推波助澜。同样,当代中国引起广泛关注和讨论的剩女现象也可以从这一角度进行解读。作为"地球村"的"村民",青年男女以光速进行美的复制和传播,使本来只存在于特殊状态的个别的美成为一种居伊·德波所指出的"景观"现象。这样一方面造成传播者自身审美阈值的提高,另一方面也导致真实世界中青年男女间的疏离。居伊·德波在其《景观社会》中对此深有感触:"费尔巴哈判断的他那个时代的'符号胜于物体,副本胜于原本,幻想胜于现实'的事实被这个景观的世纪彻底证实。"①更远一点的案例则是麦克卢汉所举纳粹德国对广播系统的控制,通过广播唤起德国大众类似部落祭祀的迷狂情感。这一切都是由"电力和电力媒介的功能"所造成的新的交流语境,此交流语境激发了不同以往的情感状态,新的情感状态同时就意味着新的审美关系。

虽然我们指出了"地球村"所具有的与印刷工业时代迥异的感官、感觉和情感内涵,但我们也注意到"地球村"的美学趣味所包含的复杂性。因为在"地球村"时代,媒介技术以及技术产品带来的审美变化绝不是线性流变,而是具有整体性和共时性特征。它包含十分复杂的反复和跌宕。麦克卢汉显然也注意到了当代电子审美与印刷审美共存的情况。他指出,"今天,在电力构建的全球范围极端的相互依存的环境中,我们迅速地重新走向同步事件和全面意识的听觉世界。然而书面文化的习惯依然保存在我们的语言、感知习惯以及我们日常生活的时空排列中。除非发生意料之外的灾难,否则对于文字和视觉的侧重还会在电力时代和'统一意识场'中长期存在……有着悠久书写历史的文化对我们时代全面电力场的听觉动态系统有着最强的阻力"②。确实在未来很长一段时间内,电力技术带来的听觉文化将与印刷术确立的视觉文化并存。因为它们相互缠绕并基于特定的语言、感知习惯以及日常生活,而这些都是难以瞬间改变的。我们已经注意到当代大量的审美产品既有听觉性又有视觉性,既具有共时结构又具有线性结构。以网络玄幻小说为例,它作为电子时代的通俗文学,确实具备电子时代文学的一些特征。然而仔细考察网络玄幻小说的文本,却发现它具有明显的视觉性、世俗性和技术性特征。网络玄幻小说可以被视为工业和电子审

---

① [法]居伊·德波:《景观社会》,王昭凤译,南京:南京大学出版社,2006年,第130页。

② Marshall McLuhan.*The Gutenberg Galaxy:the making of typographic man.*Toronto:University of Toronto Press, 2011.p.33.

美的典型混杂物。

梳理完"地球村"的时空、媒介、思维和美学内涵,我们可以发现此四重含义的内在贯通性。可以说"地球村"的内涵始于时空压缩,扩展到即时互动的媒介维度、展现出整体性和共时性思维,最后指向美学的价值。故而,对"地球村"进行反思的困境和乐趣都在于:一旦我们试图独立讨论"地球村"的某一内涵,往往发现其实需要对整体内涵进行把握,而且往往会暴露我们自己媒介思维所具有的非"地球村"状况。正如麦克卢汉所说,"我们对地球村的社会生活和问题开始做出反应时,反倒成了倒退保守分子"①。因此,对"Global Village"的四重含义进行揭示,发现其内在的贯通性正是本文价值之所在。同时也正如本书开头所述,对"Global Village"的翻译,不仅从它的字面义,更是从它的四重含义来看,它更确切地应译为"全球村"。借助思想界对全球性问题的探讨将有助于我们理解"全球村";反之,"全球村"的四重内涵也可以为全球性问题的思考提供新的思维支点。

第四节　"热媒介"与"冷媒介"的审美趣味

一、热媒介和冷媒介的内涵

麦克卢汉在《理解媒介》的第二部分"热媒介和冷媒介"中采用比较地方式集中讨论了热媒介和冷媒介。我们总结如下:

第一,从清晰度的角度看,"热媒介"和"冷媒介"是一个相对的概念。麦克卢汉认为,热媒介"只延伸一种感觉,具有'高清晰度'。高清晰度是充满数据的状态"。所谓"充满数据的状态"指的是热媒介提供的信息多。而冷媒介是低清晰度的媒介,因为"它提供的信息非常少"。比如与照片相比的卡通画和电话。这是麦克卢汉开篇对热媒介和冷媒介差异的比较。也是冷热媒介最基本的含义。麦克卢汉指出了所谓冷热的差异在于对受众而言媒介到底"清晰"与否,由

---

① Marshall McLuhan.*Understanding Media*:*The Extensions of Man*(*critical edition*).Corte Madera:Gingko press,2003.p.54.

此可知,热媒介和冷媒介从来都不是一个媒体自身的问题,也不是一个固定的对某一媒介的判断,它一定是与受众的接受有关的问题。当受众能从此媒介获得更多的信息,它就是"热"的,当受众无法从此媒介获得明晰的信息,它就是"冷"的。所以,对媒介而言"冷"和"热"并不是绝对的,而是一个变化的、相对的判定。

第二,从参与度来看,热媒介要求的参与度比较低,因为它提供的信息多;冷媒介要求受众积极参与,因为它提供的信息少。比如文字,象形文字和会意文字因为含义模糊,所以麦克卢汉认为它们是冷媒介,而拼音文字是热媒介。拼音文字发展出来的印刷术(西方印刷术)也是热媒介,因为它太清晰,刺激太大,甚至导致"16世纪的民族主义和宗教战争"。再比如传播介质,石头和纸就完全不同。前者是冷媒介,后者是热媒介。因此,麦克卢汉说石头"把许多个时代黏合成一个整体",而纸则"把横向时空连成一片"。这里明显看到了伊尼斯的影子。在伊尼斯看来,石头是时间性的,因为其笨重,不方便传播但可长期存在;而纸是空间性媒介,因为其轻便,可方便传播。麦克卢汉和伊尼斯不同,他认为石头是因为其"冷"可以才把各个时代黏合在一起,纸则因为其"热"才能把横向时空连成一片。"冷媒介"需要的参与程度高,所以各个时代都对其进行加工,这就是伊尼斯所说的时间性媒介。"热媒介"需要的参与程度低,所以它可以迅速传播到各个地域,这就是伊尼斯所说的空间性媒介。如上所言,我们看到伊尼斯与麦克卢汉思路的差异:伊尼斯是从石头和纸本身的传播能力来考察媒介,而麦克卢汉则是从媒介需要的受众参与情况来考察媒介。

第三,从对人的关系来看,热媒介具有排斥性,冷媒介具有包容性。热媒介之所以具有排斥性是因为它"使生活产生专门化和分割性",即它具有对现实的巨大力量和侵略性,麦克卢汉称其为"高强度的经验"。这种"高强度的经验"让我们不断受到刺激,感到无所适从,会对我们的中枢神经系统产生伤害,所以它要被压缩变为冷媒介才能被接受。这就是麦克卢汉所说的热媒介要首先被"忘记"和"抑制",也就是说热媒介需要被变为冷的才更好被接受。但是麦克卢汉指出,这种对热媒介的冷处理将导致"终身的心理僵化或梦游症"。所谓"心理僵化或梦游症"是麦克卢汉讽刺身处旧媒介环境的人为了理解热媒介对其进行胡乱加工和处理。麦克卢汉指出这一现象非常普遍,尤其是新的技术出现的时期。在新技术出现之后,它是"热"的,具有强大的分割力量。面对这样的刺激,存在于旧的媒介环境中的人们无法直接接受这一新的热媒介,所以他们就必须对这一热媒介进行冷处理,即将其变为不清晰的,这样受众可以积极参与进来,理解其内容,应用其设计的功能。比如铁路在清末进入中国,中国大众无法接受一个如此强大的热媒介,所以把它与中国民间传说、信仰、神话等联系起来。大众运用如此方式参与到对铁路的理解之中,就是让它"变冷"。经过这一过程后才慢慢接受它。所以麦克卢汉才说,热媒介是排斥的,它排斥的是一切模糊的东西,因此它崇尚清晰、专业。而清晰专业就是麦克卢汉的"分割"。与此相反,冷媒介则是包容的,因为它容许模糊,也就是各种参与者自身的理解。

第四,从媒介对社会的作用来看,大量机械的、整齐划一的重复使用的冷媒介通过人的参与,对传统的结构会有"分割肢解"的作用。同时,在麦克卢汉看来,热媒介虽然不需要人的参与,但它也会"分割肢解"文化整体。因为他说:"任何其他形式的媒介,只要它专门从某一方面加速信息交换或流通的过程,都会起到分割肢解的作用"①。而我们知道,无论是"热媒介"还是"冷媒介",所有的媒介都是从某一方面加速了信息交换或流通。所以媒介无论冷热,都会对传统结构进行"分割肢解"。麦克卢汉还提到了欧洲的收音机和美国的电视就是由于电力具有的加速能力,导致了各自文化的部落化倾向。有意思的是,麦克卢汉认为我们这个时代是一个"神话"时代。他认为神话"的确是一个复杂过程的瞬间视觉展开"。一般情况下这一个过程要持续很长时间,但神话瞬间完成了这个理应长时间完成的进程。麦克卢汉认为这是由于电力的速度才使我们能迅速完成此复杂过程,所以当代的文化具有神话性。

前文已述,热媒介和冷媒介并不是固定的,它们的角色可以变化。因此热媒介和冷媒介对社会的作用也应该被放入历史发展中来考察。麦克卢汉很清楚这一点。他以舞蹈为例,"华尔兹是热烈、快节奏的机械舞蹈,它适合工业时代浮华与浓烈的情绪。相反,扭摆舞是冷的,是神情卷入、不拘形式、即兴发挥的舞蹈。到了电影和广播这两个热媒介的时期,爵士舞也变热了"②,接着,随着爵士

　　① Marshall McLuhan.*Understanding Media：The Extensions of Man*（critical edition）.Corte Madera：Gingko press, 2003.p.42.参见［加］马歇尔·麦克卢汉:《理解媒介——论人的延伸（增订评注本）》,何道宽译,南京:译林出版社,2011 年,第 38 页。

　　② Marshall McLuhan.*Understanding Media：The Extensions of Man*（critical edition）.Corte Madera：Gingko press, 2003.p.45.参见［加］马歇尔·麦克卢汉:《理解媒介——论人的延伸（增订评注本）》,何道宽译,南京:译林出版社,2011 年,第 41 页。

舞"吸收了广播和电影的第一波冲击之后,冷的爵士舞自然就流行起来了"①。因此,我们一定要注意到:媒介的冷热是要依据其所在的媒介环境来进行判断,而且媒介自身也会发展变化。一旦它与其他媒介的关系发生改变,那么它的"冷""热"性质就会发生变化。

第五,媒介/延伸/技术的冷热将影响文化的冷热。除了媒介冷热会发生变化,麦克卢汉还指出了文化冷热也会发生变化。文化形态可以从热变冷,也可以从冷变热。先说从热变冷。以美国为例,麦克卢汉认为美国就正在经历一个从热文化到冷文化的过程。即从清晰的、不需要参与的文化变为不清晰的需要大众参与的文化。但是身处此过程中的人还没有意识到这一变化,因为导致这一变化的是电视,这种冷媒介的大量普及使美国文化正在变"冷"。原因就在于电视需要大众的参与,使大众深入其中,因此这种媒介具有极大的麻醉性,大众完全意识不到电视这一媒介的"冷",而误以为它还是"热"的。同时,麦克卢汉引用玛格丽特·米德(Margeret Mead)的观点,发现文化可以"升温",所谓升温是指变得更加清晰,越来越不需要大众参与。这就是麦克卢汉所指的"自动控制的社会"。然而这样的社会对大众而言并不是一个理想的时代。麦克卢汉引用了刘易斯·芒福德在《历史名城》中的观点,发现高清晰度的城市和低清晰度的城市给人的感受不同,人在这样的环境中所作所为也不同。因为"高度发达的环境给人提供的参与机会少,对专门化分工的要求却很高,这就对管理者提供了很高的要求"②。不仅是普通人,也包括政治家们。麦克卢汉对比了两位美国总统柯立芝(Calvin Coolidge)和罗斯福(Franklin D.Roosevelt)。前者是"冷"的,含义模糊,需要报纸这样的媒介去帮助他补足自己的形象(麦克卢汉没有注意到的是,其实柯立芝是第一个使用广播进行宣誓的总统,而且还使用广播进行了演讲);后者是"热"的,形象清晰,而且喜欢使用广播这样的热媒介来宣传自己。他们都使用了报纸和广播这样的热媒介,而不是电视这样的冷媒介,确实效果显

---

① Marshall McLuhan.*Understanding Media*:*The Extensions of Man*(*critical edition*).Corte Madera:Gingko press, 2003.p.45.参见[加]马歇尔·麦克卢汉:《理解媒介——论人的延伸(增订评注本)》,何道宽译,南京:译林出版社,2011年,第41页。

② Marshall McLuhan.*Understanding Media*:*The Extensions of Man*(*critical edition*).Corte Madera:Gingko press, 2003.p.47.参见[加]马歇尔·麦克卢汉:《理解媒介——论人的延伸(增订评注本)》,何道宽译,南京:译林出版社,2011年,第43页。

著。然而麦克卢汉发现,热媒介的加温有个限度,这就是他说的"逆转"现象。

因此,热媒介和冷媒介对热文化和冷文化的作用不同。如果将热媒介用于不同的文化,效果必然不同。将热媒介用于冷文化,则反差效果很大,若用于热文化则不会产生这样的效果。以收音机为例,麦克卢汉指出"在英国或美国这样的热文化里,人们觉得听收音机是一种娱乐"[①],而在冷文化中,"人们不可能把电影或收音机之类的热媒介当作娱乐",他们会受到极大的震荡。冷媒介在热文化中也不是娱乐,同样会产生震荡,而如果用于冷文化中,则会容易理解。

第六,在论述冷热媒介问题时,麦克卢汉还提到了幽默、游戏和玩笑等。关于幽默和游戏,他说"至于对付冷战和热弹恐惧,我们亟须的文化策略是幽默和游戏"[②]。在麦克卢汉看来,冷战和热弹恐惧这样的刺激太激烈,它们是"热"的。前文我们说过,当一个文化面对这样的热媒介时,需要降温来接受它。幽默和游戏的作用就是给"热文化"降温。值得注意的是,麦克卢汉认为游戏是通过"模仿"来达到此目的的。模仿也就是预演,也就是大众在事务没有发生之前可以参与其中,获得乐趣的同时接受此事。另外,虽然体育本应该是一种游戏,但在不同文化背景中承载了不同内容,因此往往无法达到降温的目的。另外,麦克卢汉还谈到了玩笑。其实,玩笑也可以被视为一种游戏,是一种语言游戏。麦克卢汉认为,我们可以用对玩笑的态度来发现冷热媒介的差异。麦克卢汉引用鲁尔克(Constance Mayfield Rourke)的话:"文字媒介绝无玩笑可言。"鲁尔克的意思是,偏爱文字媒介的人不喜欢玩笑和双关语,认为"它就和双关语一样索然寡味、倒人胃口"。原因在于喜欢文字媒介的人喜欢"印刷文字井井有条、流畅平滑、整齐划一的既定轨道"[③]。而玩笑和双关语恰恰不是井井有条、整齐划一的。它们是跳出既定文字策略的游戏式表达。大众有一个误区认为本身是高度抽象

---

①　Marshall McLuhan.*Understanding Media*:*The Extensions of Man*(*critical edition*).Corte Madera:Gingko press, 2003.p.47.参见[加]马歇尔·麦克卢汉:《理解媒介——论人的延伸(增订评注本)》,何道宽译,南京:译林出版社,2011 年,第 45 页。

②　Marshall McLuhan.*Understanding Media*:*The Extensions of Man*(*critical edition*).Corte Madera:Gingko press, 2003.p.47.参见[加]马歇尔·麦克卢汉:《理解媒介——论人的延伸(增订评注本)》,何道宽译,南京:译林出版社,2011 年,第 45 页。

③　Marshall McLuhan.*Understanding Media*:*The Extensions of Man*(*critical edition*).Corte Madera:Gingko press, 2003.p.50.参见[加]马歇尔·麦克卢汉:《理解媒介——论人的延伸(增订评注本)》,何道宽译,南京:译林出版社,2011 年,第 47 页。

的、热的、清晰的印刷媒介是冷的。因此,实际上是喜好热媒介的文化不喜欢玩笑和双关语,而冷媒介则反之。

第七,热媒介和冷媒介与人的感官相联系。首先我们注意到,麦克卢汉对媒介使用的"热"(hot)和"冷"(cold)这样的区分修饰词就已经暗示了非常鲜明的感受性。我们知道,无论是伊尼斯还是麦克卢汉,他们所说的"媒介"都是一个内涵丰富的词语。按照麦克卢汉,"媒介"是与"技术"和"人的延伸"相同的。显然,后两者包含的内容同样无比广泛。伊尼斯的"媒介"虽然没有明确其技术和延伸之意,但他也不否认这一点。既然"媒介"的内涵如此宽泛,那么对其进行区分也是应有之意了。伊尼斯对媒介的区分是基于媒介的传播性质,即前文所述的时间性媒介和空间性媒介。而麦克卢汉对媒介的区分则是基于感受性,也就是我们这里所看到的"热"和"冷"。"热"和"冷"本来是人的触觉,触觉需要我们的触觉感知器官(比如皮肤),接触外在对象才能完成。麦克卢汉将这个触觉的结果扩大为一般感觉(不是通感,而是扩大)的结果,于是就出现了对一般感官感觉进行"热"和"冷"的区分,所以有视觉上的"热"和"冷",听觉的"热"和"冷",嗅觉的"热"和"冷",味觉的"热"和"冷",等等。

其次,媒介变化会带来感官的不平衡。感官的不平衡体现为麦克卢汉所说的热媒介带来的不舒适。他认为热媒介一旦处于支配地位,就会让人不舒适,即"任何一种感官,尤其是视觉,被加热到支配地位时,都会排斥舒适的感觉"[1]。麦克卢汉认为所谓"舒适"指的是"放弃视觉安排,让位于感官的随意参与"[2],也是指感官之间的和谐共处,这是人的感官运作的理想状态。他此段话的意思是:任何一种感官被加热都会导致感官之间的平衡被打破。"尤其是视觉"则意味着视觉在麦克卢汉的感官序列中处于最为核心的地位,一旦它被清晰化、被过分加热将比其他感官被加热更加能够破坏感官的平衡。今天电子技术时代的感官现实已经证实了这一点,因此有学者将当代称为"视觉时代""读图时代",将互联网经济称为"眼球经济"。这些称呼就已经显露了我们这个时代崇尚视觉

<hr>

[1] Marshall McLuhan.*Understanding Media*:*The Extensions of Man*(*critical edition*).Corte Madera:Gingko press,2003.p.51.参见[加]马歇尔·麦克卢汉:《理解媒介——论人的延伸(增订评注本)》,何道宽译,南京:译林出版社,2011年,第47页。

[2] Marshall McLuhan.*Understanding Media*:*The Extensions of Man*(*critical edition*).Corte Madera:Gingko press,2003.p.51.参见[加]马歇尔·麦克卢汉:《理解媒介——论人的延伸(增订评注本)》,何道宽译,南京:译林出版社,2011年,第47页。

感官而其他感官受压抑的状况。另外从技术层面看,当前大量视觉性软件以及各种软件的视觉化应用在应用终端上的实现,尤其是各种视频和拍照软件都显示了视觉在所有感官中的支配地位。结果则正如麦克卢汉所说,当代人的感官平衡被破坏,除了视觉提供的信息之外,似乎已经找不到其他感官提供的信息。或者说,对其他感官提供的信息持一种莫名的怀疑态度,如一句流行的说法"有图有真相",它的出现证明了这一点。当然我们知道,视觉材料未必是真的,无视觉材料的支持也未必是假的。比如麦克卢汉提出的"场",就是非视觉的。但非常讽刺的是,在一个依赖"场"的高技术时代,真实反而变成了与无形的"场"相反的视觉呈现。结果就是我们被我们所看到的所蒙蔽,极度依赖视觉进行交流的人们,已经忘记了整体感觉所带来的震颤效果。

如何达到感官的和谐,也就是如何将某一媒介被过分加热之后导致的感官不平衡再次变得平衡,麦克卢汉自己似乎也不能确定,或者说他对已经采用的方式并不乐观。因为按麦克卢汉的意见,如果一个人的视觉被激化变得发达,那么相应的他的听觉将被抑制;反之,如果一个人视觉被抑制,那么他的听觉将发达起来。这就是麦克卢汉提出的感官平衡之道。麦克卢汉对此并没有进行论证,他似乎所认为这是人的"先天"能力。我们知道,感官被极度刺激就会产生对其它感官的极度抑制。所以麦克卢汉提出了一个极端的情景,如果我们在实验室里剥夺一个人一切外在的感觉,那么他该如何达到感官的平衡呢?按照上述平衡之道,被剥夺一切感觉的人就必须发展出一种无比强大的弥补性的感官能力。但是我们设定的是已经剥夺了他的一切外在感觉,所以他就无法发展出任何感官能力。这就是一个悖论:剥夺一部分则强化另一部分,而剥夺全部则无法强化任一部分。那么为了获得新的感官平衡,被剥夺的人就开始"狂热地填补或补足各种感觉",但由于所有感官都已被剥夺,他无法发展任何一种感官,所以他的这一填补或补足的手段必然是想象的,麦克卢汉认为这样的想象性弥补的结果必然是一种幻觉的产生,这就是麦克卢汉所说"实际上他这时的感觉全然是幻觉"[1]的原因。也即是说,想象性弥补的结果将产生不真实的感受。

最后,麦克卢汉还谈到了感觉的"加温"和"降温"问题。温度就是"热"和

---

[1] Marshall McLuhan.*Understanding Media:The Extensions of Man(critical edition)*.Corte Madera:Gingko press, 2003.p.51.参见[加]马歇尔·麦克卢汉:《理解媒介——论人的延伸(增订评注本)》,何道宽译,南京:译林出版社,2011年,第47页。

"冷",加温和降温体现为"热"和"冷"的变化。感觉有"热"和"冷"的变化,这是由于媒介有"热"和"冷"的变化。外在媒介的"热"和"冷"刺激感官产生"热"和"冷"。麦克卢汉认为,感官的"热"和"冷"将对人产生不同的影响。他说,"一种感觉的加温往往会产生催眠的效果,所有感官的降温往往会产生幻觉"①(何道宽先生翻译为"感觉"和"感官",其实麦克卢汉原文用了一个词"sense"②)。分两种情况,第一种是某一种热媒介大量流行和使用,比如电视,它就会对这一媒介相关联的主导感觉进行加温。也就是让大众的此感觉越发清晰。此媒介越"热",相关联的感觉就越"清晰",结果就是大众不需要参与思考,而是深陷此"清晰"的感觉中,这就是麦克卢汉所说的,加温产生大众的催眠状态。这一催眠效果我们完全不陌生,因为这就是他之前所谈到的麻木状态。麦克卢汉在《机器新娘》中对当时出现的大量热媒介(广告、漫画等)进行分析,揭示出这些非常"热"的媒介是如何支配了大众,进而导致大众出现了麻木状态的本质属性。第二种情况是感官的降温。降温指的是随着冷媒介的大量出现,大众关联此媒介的感官变得"模糊"。比如广播,它就对与广播这一媒介相关联的主导感官——听觉进行降温,让大众的听觉更富有参与性,变"冷"。而降温因为脱离了现实,是一种主体参与构建的行为,所以非常有可能使人产生"幻觉",也就是将自我生产的感觉内容视为媒介自身产生的内容。比如视觉的幻觉,面对一个模糊的对象,视觉往往主动建构希望看到的内容。比如听觉的幻觉——幻听,就是听觉自动对模糊对象的加工。这就是麦克卢汉对感觉加热或降温的看法,似乎前途都不妙:一个使我们进入催眠状态,一个使我们产生幻觉。催眠和幻觉都不是我们想要的正常状态,但却不可避免地会出现。因为我们总是在媒介/延伸/技术的伴随之下。这就是为了感官平衡所付出的代价吧。

二、热媒介和冷媒介的审美趣味

如上所述,麦克卢汉对热媒介和冷媒介的讨论从清晰度和参与度开始,经过

---

① Marshall McLuhan.*Understanding Media:The Extensions of Man(critical edition)*.Corte Madera:Gingko press, 2003.p.51.参见[加]马歇尔·麦克卢汉:《理解媒介——论人的延伸(增订评注本)》,何道宽译,南京:译林出版社,2011年,第47页。

② Marshall McLuhan.*Understanding Media:The Extensions of Man*, Massachusetts:MIT Press.1994.p.32.

对人的排斥/包容性和对社会的作用的讨论,最后落脚于热媒介和冷媒介的感觉性问题。这是一个由表及里、由浅入深的过程。尽管麦克卢汉并没有对热媒介和冷媒介的审美趣味进行讨论,我们下文试延伸之。

第一,"趣味"本就是一个主观喜好问题。康德曾说"趣味无争辩"。然而媒介问题的引入使这一"无争辩"的问题变得复杂起来。媒介/延伸/技术被麦克卢汉分为两类:热媒介和冷媒介。它们在清晰度和参与度方面的差异导致趣味发生了变化。热媒介具有高清晰度和低参与度,因此对主体而言并不需要调动诸多感官参与,其趣味是被动的,不明显的。比如广播这一媒介可以将内容表达的十分清晰,因此只需要接受者的听觉参与,广播带来的是趣味的被动塑造。所以麦克卢汉注意到了政治领域大量使用广播的案例。相反,冷媒介具有低清晰度和高参与度,因此对主体而言就必须调动诸多感官参与,其趣味是主动的、明显的。比如电影这一媒介可以将媒介内容表达的非常不清晰,因此它不仅需要接受者的视觉参与,还需要诸多感官的参与,电影带来的是趣味的主动塑造。显然,麦克卢汉告诉我们的是,考察审美趣味需要考虑媒介带来的感受偏向问题。即偏向热的,趣味较少;偏向冷的,趣味则较多。

第二,热媒介和冷媒介还具有排斥性和包容性的差异。通过上文的讨论我们发现,热媒介具有排斥性。它排斥的是一切模糊的东西,而崇尚清晰和专业,即之前所说的"分割"性。与此相反,冷媒介则是包容的。因为它容许模糊,也就是允许参与者自身的理解,结果导致"整体场"的生成。从审美趣味来看,这是一个分割的趣味和整体性趣味的差异。从麦克卢汉可以知道,分割性的趣味来自感官的分裂。那这一感官的分裂又来自哪里呢?按照马克思的看法,此感官的分裂又来自机械化工业生产,正是马克思所处的19世纪的分裂式生产导致人的感官分裂。对此不需加以过多解释,这也就是诸多思想家所说现代性分裂的症候之一。麦克卢汉没有从现代性角度对感官分裂加以讨论,但是他的论述又时时刻刻不在提醒我们,他所指出的机械化、因果性、片段的感官关系,正是现代性感官分裂的结果。他所引用的诸多文学家和艺术家的作品,展现了他对人性的现代分裂的隐晦批判。因此,麦克卢汉追求整体"场",追求感官的平衡,其实质就是对现代人的分裂的解答。他的价值在于将此问题与感官的发展史相联系。通过感官的发展史来指向一个具有整体性的感官图景。因而我们可以说,麦克卢汉最终肯定的是冷媒介的整体性审美趣味。

第三,热媒介和冷媒介都对社会具有"分割肢解"的作用。麦克卢汉实际上指出无论是热媒介还是冷媒介都将具有对传统的颠覆性。从审美趣味来看,媒介的这种颠覆性伴随着新媒介的感官趣味对传统趣味的颠覆性。这源自媒介/延伸/技术与人实践的同步,它们都是基于人类感官的人的延伸。因此我们将从新的媒介/延伸/技术对旧感官比率的颠覆出发,获得新的趣味内容。比如麦克卢汉以舞蹈为例,指出爵士舞因为文化冷热的不同发生热冷的变化。但他没有指出的是,爵士舞发生变化的合理性在于新媒介对人的感官的颠覆。

第四,文化冷热变化中的审美趣味。热媒介和冷媒介将影响文化的冷热。麦克卢汉指出,文化冷热也会发生变化。它可以从热变冷,也可以从冷变热。麦克卢汉举了电视这一冷媒介的例子来佐证热文化变为冷文化,即需要大众参与的媒介文化。又援引玛格丽特·米德(Margeret Mead)的理论来解释文化的"升温"现象:所谓升温就是指变得更加清晰,越来越不需要大众参与,也即是麦克卢汉所指的"自动控制的社会"。麦克卢汉所说的文化冷热的变化从审美趣味来考察,我们可以看到趣味与媒介/延伸/技术环境的关系。在一个冷的媒介/延伸/技术环境下,主体的审美趣味可以从其参与的媒介/延伸/技术环境中获得解释,因为它参与其中;而在一个热的媒介/延伸/技术环境下,主体的审美趣味被媒介/延伸/技术环境所裹挟,它无法解释自己,因为它虽在其中,但无能为力。这就是麦克卢汉的文化冷热论的价值。它揭示了在不同媒介类型下(热/冷),趣味生成的不同状态。如果要对这两类媒介下的趣味生成进行评判,麦克卢汉应该更喜欢冷媒介,偏好冷媒介带来的大众趣味的参与式生成。他说的"自动控制的社会"并不是电子时代,而是机械时代的极端升温状况。在他看来,电子时代应是冷媒介的时代,电子时代的趣味应该在大众参与媒介的过程中生成。

第五,幽默、游戏和玩笑具有审美趣味。幽默、游戏和玩笑被麦克卢汉用来作为文化冷热变化条件下的调节机制,然而我们看到的是,幽默、游戏和玩笑之所以起作用,正是因为其审美价值。其实麦克卢汉说得很清楚,幽默和游戏都是对现实的模仿,是一种预演。我们通过这种方式使对象变冷,给热文化降温。"模仿"本就是审美的,它不是对现实进行一种改造,而是在虚拟的情感领域发生作用。在对热文化制冷的过程中,显然需要审美手段来达成目的。因为无论如何,一个令人愉快的活动总是更能吸引人参与。所以冷文化的参与无法不审美化。麦克卢汉对玩笑的解释是从文字与书面的比较而来。"偏爱文字媒介"

的人不喜欢玩笑,那是因为文字媒介倾向于井井有条和整齐划一,文字本身就意味着秩序和严格。口头语则不同,它可以无视论述顺序,可以重复,可以无视书面的秩序。玩笑就是口语媒介在书面媒介统治下反抗的典型,所以玩笑的审美趣味是口语化的,而非书面化。当我们开玩笑或使用双关语的时候,我们就是在贯彻口语化的审美趣味,所以为文字主导的审美趣味所不容。麦克卢汉更喜欢口语化,因为电子时代将是一个电子时代,未来的审美趣味将是口语化审美趣味。

第六,最后并且最典型的是,麦克卢汉一直强调热媒介和冷媒介所具有的感觉(sense)性。上文讨论了三点。首先,麦克卢汉使用的"热"(hot)和"冷"(cold)这样的区分修饰词就已经暗示了非常鲜明的感受性。其次,媒介变化会带来感官的不平衡。最后,麦克卢汉谈到了感觉的"加温"和"降温"问题。

感觉性问题的背后就是感性问题。强调媒介的感性内涵是麦克卢汉的特色。伊尼斯看到的是媒介自身的空间和时间属性,虽然我们知道,空间和时间属性实际上也是人的时空感受所赋予的,但他的这一考察毕竟在人—对象的结构中偏向的是对象自身。而麦克卢汉采用新批评的方法,将媒介视为一个独立自足的对象加以审视。所以他所看到的媒介的冷和热是在人—对象机构中偏向人自身,即人的感官感受对媒介具有基础性区分作用,也就是从人的感受出发将媒介区分为"热"(hot)和"冷"(cold)。

至于感官平衡的问题。伊尼斯强调媒介之美在于文明的平衡发展,而麦克卢汉认为媒介之美在于感官的平衡。在平衡问题上,伊尼斯和麦克卢汉的基本方向是一致的。但伊尼斯是从文明长久发展的角度要求出现一种能够平衡感官的媒介,而麦克卢汉是从我们感官系统自身平衡的角度要求出现这种媒介。可以说最终结果一样,但两人的出发点截然不同。这也就是麦克卢汉批评伊尼斯,认为其没有贯彻他自己方法的原因所在。从美学角度看他们,尤其是麦克卢汉的平衡观:他所说的感官自身的平衡实质上不仅指各感官生理功能之间的和谐配合,更是要求感官之间审美功能的平衡。因为对麦克卢汉来说,感官所面对的各种生理结果并不是他所关注的主要问题(虽然他也谈到了感官的病理性问题),问题是他反复强调的感官所导致的"热"或"冷",以及文化的"热"或"冷"。如上所述,麦克卢汉并不认为"热"媒介是美的或"冷"媒介是美的,而是认为"热"或"冷"在不同文化环境中会与其他媒介发生不同的关系,美应该是这种关

系的平衡。平衡才是他所关注的重点。虽然上文可知,麦克卢汉似乎偏爱作为
未来电子时代的"冷媒介",然而在这里我们发现,麦克卢汉真正想表达的意思
是,无论媒介是"热"是"冷",一个理想的媒介带来的审美效果必须是平衡。如
果一个"冷媒介"带来的是不平衡,那也不是麦克卢汉所希望看到的。

　　然而这种平衡在今天并没有获得其应有的地位。今天大众的审美趣味被建
立在占统治地位的视觉性之上,这种视觉审美的统治并不是麦克卢汉所希望的
媒介的平衡状态,因此如麦克卢汉所说,过热媒介会发生"逆转"。我们看到这
样一个奇怪的事实:在今天这样一个视觉统治的时代,极度视觉性反而会导致对
视觉的不信任。比如电影中大量视觉特效的运用,反而使某些无特效的镜头被
大众误以为是特效的结果,从而失去其本有的真实感。如果这还不够,那么我们
还可以看看今天技术的视觉化倾向带来的悖论。因为一旦我们借助技术将自身
的感知外在化,我们也就失去了对它的控制,媒介/延伸/技术所带来的是我们自
身感觉的失控状态。所以当技术越来越视觉化,那么媒介/延伸/技术所带来的
就是我们自身视觉能力的失控状态。"失控"一直是我们所极力避免的,因为我
们要将外在之物纳入到一个有序的世界图式中,当媒介/延伸/技术所带来感觉
的失控,接着就会带来行为的失控、情感的失控,进而带来人的当代生活的失控。
我们知道,西方马克思主义的批判理论指向了人的当代压抑[如詹姆逊(Fredric
Jameson)所言,他们将原因其归结为私有制、资本主义生产体制以及所产生的资
本主义文化],而具有西方马克思主义倾向的文化批评也致力于分析人当代压
抑的文化原因(从广义文化、狭义的具体文化状态的角度),总之,马克思主义的
路径注意到导致人存在压抑的生产原因,这当然是十分深刻的。当代马克思主
义者已经跳出了马克思基于 19 世纪生产进行分析的局限性,从当代全球化生产
和文化角度进行论述,比如后马克思主义的代表人物拉克劳(Ernesto Laclau)和
墨菲(Chantal Mouffe)等。接着马克思,他们也都谈到了各种具体的媒介手段
(这里的媒介不等同于技术),但主要是作为工具来使用。这时候麦克卢汉的价
值就体现出来了,麦克卢汉从媒介自身出发,揭示其具有的干扰感性平衡的力
量。因此,如果说麦克卢汉事实上具有马克思主义倾向,那么就是在说,麦克卢
汉从媒介自身而非工具的角度对马克思奠基、西方马克思主义者所极力批评的
人的当代压抑进行了新的阐释。他从媒介自身所指出的人的当代问题,正是其
他研究路径所忽略的。

麦克卢汉的媒介审美路径指出了这样的当代悖论:极度的视觉性将导致极度的幻觉,无形的"场"比有形的"形象"更真实,"虚幻"的内容反而具有了"真实"性,结果是审美活动的视觉化刺激反而促使大量反视觉艺术的产生。我们都知道,审美显然不仅是一个视觉性的活动,它还必须与人的认知、情感、意志及人的整体生存相牵连,因此在这个媒介不平衡所导致的"虚""实"错位的时代,审美和艺术中的"真"与"假"也被扭曲了。问题不在于当代艺术出现了十分明显的视觉化审美倾向(视觉艺术的大流行),更根本的是当代艺术自身与这个时代扭曲的"虚""实"同步了。"虚""实"的错位导致艺术表达发生根本的变化。结果有二。其一,产生了对艺术视觉性的怀疑,诸如对经典艺术形象的"恶搞"(比如对作品《蒙娜丽莎》的修改、对"杜甫"图像的修改等)表达的正是对视觉真实性的质疑。这些游戏之作绝不是一个偶然的、个人化的行为,它揭示了当代视觉化审美的根本矛盾:视觉时代造就了对视觉形象的否定。"形象"本来是被视觉能力加工出来,现在反而不被其信任了,可视的往往不再可信,视觉的可靠性被消解了。这是极度刺激视觉带来的恶果,也是麦克卢汉所极力反对的感官不平衡带来的恶果。其二,产生了对艺术整体的怀疑。诸如"日常生活审美化"的观点,其实质是对传统"艺术"的解构(尤其是在消费主义的怂恿下,日常生活审美化必然变为日常生活的物质化、进而庸俗化)。不仅是日常生活审美化理论对审美内涵的"影响","日常生活审美化"实质上是对审美的取消。当无限地对艺术概念进行扩展时,其实也是对它的消解。简单来说,当生活中到处是艺术时,那也就没有艺术了。反过来讲,当艺术与生活融为一体,日常生活竟然可以不加修饰地在艺术中不断涌现时,艺术也就如同生活那样平淡乏味了。我们举一个简单的例子,曾经热闹一时的 SOHO 办公,据说可以取消奔波劳顿之苦,给工作带来极大的便利。然而实际操作后发现,SOHO 办公带来的不是便利,反而使我们产生无时无刻不在的紧张感。原因很简单,当工作可以在家完成,那也就取消了"家"。工作的紧张感也就吞没了"家"的宁静感。因此,日常生活审美化并没有精练审美,反而淡化了审美。同样,当代艺术在视觉性的统治下并没有产生审美的飞跃,反而因为视觉导致的压抑产生审美的退化。生活中的产品越来越具有视觉性的美丽,视觉化的各种艺术就令我们越来越疲倦。因此,麦克卢汉的媒介美学可以作为一个理解当代艺术问题的突破口。这里我们再次强调,虽然上文的分析涉及了艺术的内容,但麦克卢汉并没有采用马克思主义艺术批评和文化研究所采用的内容批评的方法,他是从媒介自身的感官偏向角度来谈当代审美问题的。

　　既然我们认为视觉性审美将带来对视觉的否定和对艺术的扭曲,那么我们来看看麦克卢汉如何将视觉与其他感觉平衡。如果是一般的刺激——失衡问题,还可以通过感官的补偿机制来进行平衡。但上文我们谈到,麦克卢汉假设了一种极端状况:如果我们"在实验中"将人的所有感官都剥夺,那么感官该如何补偿?他认为我们势必用想象的手段来填补或补足感官的缺失,这样的想象性弥补的结果必然是产生幻觉("实际上他这时的感觉全然是幻觉"①),即这样一种想象性弥补活动将产生不真实的感受。因此在审美活动中如果我们的审美感官极度失衡,那么我们的审美想象也将具有极大的虚幻性。虽然希望它能够弥补感官能力的缺失,然而结果也将是产生幻觉,这个幻觉就是麦克卢汉在《机器新娘》中向我们展示的大众在欣赏广告中所获得的虚幻性。虚幻性的存在展示了麦克卢汉对感官失衡的审美批判的价值。

　　但是麦克卢汉的这一论述有两个问题:第一,一个可以剥夺人所有感官的"实验"可行吗?是否在现实中真的存在一种"环境"(其实就是他说的媒介/技术)可以剥夺人的所有感官?如果有媒介/技术剥夺了人的所有感官,它又是如何成为人接触/把握/改变世界的"工具"呢?因为媒介/技术是人的造物,那么它自然要基于人的能力,且是人力量的延伸,否则它将没有存在的必要。比如铁器,我们制造它就是因为它能够替代人的肉体去开山劈石。那么这一媒介/技术的特征就是:第一,被大脑认定是人体的延伸,可以使用它达到我们想达到的目的。第二,在某方面它的力量必定超过人的力量。问题的关键在第一点,既然媒介/技术是人体的延伸,就势必具有感官性。因为人的所谓延伸,首先就是感官的延伸。感官的延伸的理由在于,我们的生产首先是感官改造活动生产,或者说是建立在感官改造活动之上的生产,所以不存在一种媒介/延伸/技术能够"越过"感官而对人的非感官层面进行延伸。举例来说,不论那些物理性的机械工具和机器,还是精神性的语言,都离不开感性维度。比如象形文字包含明显的视觉性,拼音文字包含明显的听觉性,等等。第二个问题是,即便我们的感官可以

---

　　① Marshall McLuhan.*Understanding Media:The Extensions of Man*(*critical edition*).Corte Madera:Gingko press,2003.p.51.参见[加]马歇尔·麦克卢汉:《理解媒介——论人的延伸(增订评注本)》,何道宽译,南京:译林出版社,2011年,第47页。

完全被剥夺(虽然我们知道不可能),那么想象就必然导致幻觉吗? 我们知道,想象这一心理活动的基础是一个先于其自身的经验过程,如果没有这一过程,想象就无从入手,这一经验过程就是感官没有被剥夺时的展开过程,具有内在的渗透性。我们因为有了这一经验过程才能在失去感官能力之后继续对材料进行加工,获得想象的结果。所以想象有可能导致"幻觉",也有可能是一个经验性感受渗透的结果,并不是"幻觉"。麦克卢汉武断地认为无感官的想象导致幻觉,有失严谨。

回到麦克卢汉的审美层面,既然他的上述论述有问题,那么他对审美想象的批判就有失公允了。我们承认,在麦克卢汉所说的广告这类刺激性视觉媒介中,大众被麻木,类似于被剥夺了感官,所以出现了审美判断的缺失,导致审美想象的虚幻性。但实际上,大众的审美想象并不是因为感官被剥夺而不"真实",而是因为这些大众艺术本身就与"真实"相冲突。因此,大众审美想象的基础性经验在这些大众艺术中无法得到正确的延伸,所以出现了审美想象的扭曲结果。当然,这一结果也正是大众艺术所想要的。从批判学派的角度来看,这就是意识形态的控制和消费社会的驱动。从麦克卢汉的角度看,这是媒介自身的偏向。无论如何,他们都对大众流行艺术所涉及的大众审美想象持一种批评的态度。我的看法是,流行艺术审美发生扭曲的原因不完全是艺术背后的意识形态,而是作为媒介的艺术自身的原因,即大众流行艺术本身。它与我们审美的"理想艺术"之间的差异,就是它自身的特征。我们的"理想艺术"是反消费的,它是消费性的;"理想艺术"是精致的,它是粗糙的;"理想艺术"是需要思考,它是通俗易懂的,等等。因此要回答大众流行艺术审美的问题,应该从大宗流行艺术本身入手。我们可以用麦克卢汉的媒介美学分析"网络玄幻小说"这一大众文化产品的小说类型来发现这一点。

第四章 媒介生态学的跨媒介审美取向

第一节 跨媒介审美取向与波兹曼研究概述

一、跨媒介审美取向的界定

媒介生态学的跨媒介思考指从整个文化范围审视媒介问题。跨媒介审美取向侧重揭示媒介在整个文化视野下的美学内涵。这一思路以波兹曼的媒介美学为开端和典范。波兹曼不仅是媒介生态学学科建制上的开创者，而且他开创了一条有别于伊尼斯和麦克卢汉元的跨媒介美学道路。他将媒介美学推进到跨越"媒介"的文化领域，给文化研究带来了深刻的媒介审美维度。这正是波兹曼的文化史和审美史价值。

二、波兹曼研究概述

尼尔·波兹曼（Neil Postman）是媒介生态学学科建制的奠基人，其著作共25种，目前为国内学界熟知的有《娱乐至死》《童年的消逝》和《技术垄断》等。国内的波兹曼研究主要集中在对《娱乐至死》和《童年的消逝》的文化阐释，原因在于这两部著作引发的问题具有强烈的话题性，对中国当下逐渐娱乐化的文化现象具有较强的解释力，可以获得国内研究者的共鸣。可惜的是，此类文化阐释类研究往往会变为就事论事，停留在波兹曼所提出问题表面，往往限于对波兹曼所批评的电视娱乐化和电视对儿童成长的负面影响等问题进行解释和评价。虽有一些佳作，但整体水平参差不齐，学术价值有限。还有一些研究侧重对波兹曼媒介理论的哲学思考,比如张丽霞的《尼尔·波兹曼技术批判思想的哲学前提》①等。这些研究较有深度,从更大的视野审视波兹曼的娱乐化理论。另有一些研究视野更为宽广,探讨了波兹曼乃至媒介生态学的人文价值。比如李西建教授发表的《消费时代的价值期待——从〈娱乐至死〉看媒介生态学的人文理论面向及其未来》一文。他认为虽然当下是一个消费时代,但消费时代也应该具有自己的价值期待,这应该是媒介生态学研究的重要问题。李西建教授指出,媒介生态学应该重视人文取向与价值建构,解决技术发展中的人文价值认同和生态学关怀②。对我们的讨论最有最有价值的是从图像的角度对波兹曼进行关照。研究者认为波兹曼媒介批评的核心问题是他展开了从文字到图像这一过程的文化批判。这一方面研究的代表人物是金惠敏研究员。他在 2010 年发表了《"图像—娱乐化"或"审美—娱乐化"——波兹曼社会"审美化"思想评论》一文,认为波兹曼的"图像—娱乐化"思想其实就是鲍德里亚等人所提出的"图像—审美化",并进而提出了图像即感性、图像即事物本身和图像即"表象"等内容③。金惠敏研究员的这一思路极大地启发了我们对波兹曼媒介美学的讨论。

　　下面分为三小节讨论波兹曼。第二节我们先对波兹曼在媒介生态学的身份进行讨论,接着总述波兹曼媒介美学的特点。第三节我们将分析波兹曼对电视娱乐化进行批判所包含的审美批评。第四节讨论波兹曼"童年消逝"带来的有关后现代技术的问题。

第二节　波兹曼的身份问题及其媒介美学的特点

一、波兹曼的身份问题

　　李明伟在《知媒者生存——媒介环境学纵论》一书中并没有将波兹曼放入

　　① 张丽霞:《尼尔·波兹曼技术批判思想的哲学前提》,《前沿》2013 年第 15 期。
　　② 李西建、张春娟:《消费时代的价值期待——从〈娱乐至死〉看媒介生态学的人文理论面向及其未来》,《江西社会科学》2012 年第 6 期。
　　③ 金惠敏:《"图像—娱乐化"或"审美—娱乐化"——波兹曼社会"审美化"思想评论》,《外国文学》2010 年第 6 期。

媒介环境学的研究序列,虽然他是"媒介生态学"的学科奠基人。因为他认为媒介环境学研究的是媒介本身的历史和社会问题,而波兹曼的学术兴趣在于批判新媒介的弊端。之前的媒介环境学者如伊尼斯和麦克卢汉主要进行的是对媒介性质的分类探讨,而波兹曼的重点不是分析媒介的性质,而是探讨媒介的后果。故而李明伟认为波兹曼实质上没有接过伊尼斯和麦克卢汉研究"媒介本身"的大旗,不应属于媒介环境学。因此他在专著中将波兹曼排斥在媒介环境学派的讨论之外。林文刚(Casey Man Kong Lum)在其主编的《媒介环境学——思想沿革与多维视野》一书中认为"波兹曼是媒介环境学界最引人注目、最重要的思想奠基人和制度奠基人"①,他不仅肯定了波兹曼在媒介环境学学派中的地位,而且在《媒介环境学——思想沿革与多维视野》一书的第二章就收录了波兹曼所著《媒介环境学的人文关怀》一文。也就是说,林文刚不仅将波兹曼纳入到媒介环境学学派中,而且并不认为讨论媒介的人文价值外在于媒介生态学的学科传统。对波兹曼身份的不同认识是林文刚与李明伟的最大差异。

那么波兹曼是否属于媒介生态学学派?抑或仅仅是打着媒介生态学的幌子,实则是与媒介生态学主流理论无关的"媒介批评家"(李明伟语)?我认为,在波兹曼身份问题的讨论中出现的李明伟和林文刚的矛盾,其实是对波兹曼的媒介生态学理论认识不清的结果。也就是说,波兹曼的人文路径到底属不属于媒介生态学传统?我认为,虽然表面上波兹曼确实没有如伊尼斯和麦克卢汉那样专注媒介本身,而是展开对电视的娱乐化以及童年问题的批判。但实际上他展开批判的根基还是伊尼斯和麦克卢汉所开创的媒介生态学理论,包括上一章讨论过的媒介的偏向问题、媒介即信息等。我们清楚地记得,波兹曼在《娱乐至死》中第一章的题目就是"媒介即隐喻",他非常明显地对麦克卢汉著名的"媒介即信息"进行了内容上的延伸。当然,波兹曼的贡献在于他将媒介理论扩展到了"媒介本身"之外,更多地展开了对媒介应用问题的研究(虽然麦克卢汉后期也津津乐道于具体媒介的预判,然而波兹曼的名气来自他提出了一些更加吸引人的说法:娱乐至死和童年的消逝。这些提法即便不能说耸人听闻,也是极端吸引人的。它们比麦克卢汉的"地球村"或者"地球都市"要更加有趣。正如他自

---

① [美]林文刚:《媒介环境学——思想沿革与多维视野》,何道宽译,北京:北京大学出版社,2007年,"林文刚中文版序"第1页。

己所说,这是一个所有领域都需要娱乐的时代,学术也不例外)。这就是波兹曼对伊尼斯和麦克卢汉传统的最大贡献。

二、波兹曼媒介生态学美学的特点

既然我们已经发现了波兹曼与伊尼斯——麦克卢汉不同的媒介生态学研究旨趣,那么我们进一步可以发现波兹曼的媒介美学呈现出与波兹曼和麦克卢汉的不同内容。伊尼斯带给我们对"媒介本身"的审美思考,麦克卢汉激发我们思考媒介的感知问题,而波兹曼扩展了对"媒介"的讨论,展开了对"媒介"的外部审美研究。

对一个整体性活动的"内部"和"外部"考察非常常见,我们可以从文学理论的研究史发现"内部""外部"范式并存现象的合理性。作为具有代表性的经典审美活动,文学活动的研究就一直存在"内部"和"外部"的并行发展。比如,在中国古代文论史上就一直存在对文学活动问题的不同看法,即向外的"言志"与向内的"明道"这样不同的思考路径并存的状况。同样,自古希腊开始对艺术活动的讨论也出现了"模仿说"和"灵感论"这样不同的思考方式。更加典型的是20世纪文论的发展历程。自20世纪初俄国形式主义兴起,到新批评,再到形式主义、解构主义,对文学活动中文本自身的研究可谓高潮迭起。然而在第二次世界大战以后,西方理论界又开始转向对文学"外部"因素的研究,比如文化研究以及社会历史研究。作为这两大线索的折中,韦勒克(René Wellek)和沃伦(Austin Warren)在其《文学理论》中融合"文学的内部研究"和"文学的外部研究",建构了为学界所称道的文论名著。同样,艾布拉姆斯(M.H.Abrams)在《镜与灯——浪漫主义文论及批评传统》中将文学活动简化为四个要素的组合。如下图示:

艾布拉姆斯发现,"尽管任何像样的理论多少都考虑到了所有者四个要素,然而我们将看到,几乎所有的理论都只明显地倾向于一个要素"①。因此,他融合讨论了这四个要素,展开对浪漫主义的研究。这四个要素也可以说涵盖了文学活动的"内部"和"外部"两大部分。这些都说明了当代文学理论的整体建构过程已经十分注意将不同指向的研究路径相结合。

因此在对"媒介"问题进行美学思考时,展开对媒介"内部"和"外部"不同路径的考察,绝不会令人感到奇怪:"文学"本来就可以视为一种媒介。既然这样,我们可以认为,麦克卢汉是从新批评这样关注"文本自身"的研究传统中展开对"媒介本身"的内部研究,构建了基于"媒介自身"的感知媒介审美研究,波兹曼则以文化研究这样关注文化系统和文化整体的研究传统中建构起对媒介的"外部"研究。或更明确地说,是媒介美学的外部扩展。他所讨论的娱乐化及童年消逝的问题都只不过是媒介理论与文化研究视野的结合。因此波兹曼的价值就在于他发掘了媒介/技术具有的超越自身的文化意义。波兹曼不仅是在学科建制上对媒介生态学做出了贡献,而且将其推进到媒介理论可以大展拳脚的文化研究领域,给文化研究带来了深刻的媒介审美维度,这就是波兹曼在媒介美学史上的价值。

下面我们就基于波兹曼独特的媒介生态学美学讨论两个问题:第一是波兹曼对电视娱乐化的审美批评,第二是波兹曼所述童年消逝现象背后的后现代技术的问题。总体来看,波兹曼反对审美的娱乐化,同时又恰当地处理了后现代技术与审美的关系。

第三节 基于电视娱乐化批判的审美批评

波兹曼的《娱乐至死》之所以洛阳纸贵,是因为此书十分生动地向我们展示了人被无穷的娱乐欲望所裹挟的事实。他指出,"奥威尔担心我们憎恨的东西会毁掉我们,而赫胥黎担心的是,我们将毁于我们热爱的东西"②。一般研究者

①　[美]M.H.艾布拉姆斯:《镜与灯——浪漫主义文论及批评传统》,郦稚牛、张照进、童庆生译,王宁校,北京:北京大学出版社,2004年,第5页。

②　Neil Postman.*Amusing Ourselves to Death*:*Public Discourse in the Age of Show Business*. Penguin(Non-Classics);20 Anv.2006.p.xx.参见[美]尼尔·波兹曼:《娱乐至死　童年的消逝》,章艳吴燕莛译,桂林:广西师范大学出版社,2009年,第4页。

仅仅将论文主旨揭示为波兹曼对当代娱乐现象的批判,这是很不够的。如果这样,波兹曼将与西方马克思主义的文化批判立场相似,如此便抹杀了波兹曼理论的独特价值。我们认为,波兹曼之所以不同,就在于他对娱乐文化的批判采用了不同的入手点。波兹曼的入手点与西方马克思主义不同,后者是从对资本主义生产展开批判,而波兹曼则是从媒介变化入手,对以电视文化为代表的娱乐化现象进行了深刻的阐释。如果换一个角度,从传播学的经验学派、批判学派和媒介生态学派三派分立的视角看,波兹曼实际上是将伊尼斯——麦克卢汉的媒介生态学派与批判学派相结合,对电视的娱乐化本质进行了批判。下面我们具体来看。

一、媒介、隐喻与审美

1. 媒介即隐喻

从伊尼斯的媒介"偏向"到麦克卢汉的"媒介即讯息",媒介生态学传统一直向我们强调这样一个明显的事实:媒介具有对文化外在要素的影响力。波兹曼继承了这一看法,他将视野聚焦于从印刷术到电视的媒介转变,并指出这一媒介巨变也将导致社会思想领域的深刻变化。不仅如此,波兹曼还对麦克卢汉经典的"媒介即讯息"进行了延伸:他不同意媒介仅仅是"信息",他认为媒介的内容更是一种"隐喻"。在《娱乐至死》第一章《媒介即隐喻》中他说,"文化是语言的产物,但是每一种媒介都会对它进行再创造——从绘画到象形符号,从字母到电视"①,接着他揭示了麦克卢汉的"媒介即讯息"的含义:"每一种媒介都为思考、表达思想和抒发感情的方式提供了新的定位,从而创造出独特的话语符号"②,他进而指出,"信息是关于这个世界的明确具体的说明,但是我们的媒介,包括哪些使会话得以实现的符号,却没有这个功能。它们更像是一种隐喻,用一种隐

---

① Neil Postman. *Amusing Ourselves to Death*: *Public Discourse in the Age of Show Business*. Penguin (Non-Classics);20 Anv.2006.p.10.参见[美]尼尔·波兹曼:《娱乐至死 童年的消逝》,章艳、吴燕莛译,桂林:广西师范大学出版社,2009 年,第 11 页。

② Neil Postman. *Amusing Ourselves to Death*: *Public Discourse in the Age of Show Business*.Penguin (Non-Classics);20 Anv.2006.p.10.参见[美]尼尔·波兹曼:《娱乐至死 童年的消逝》,章艳、吴燕莛译,桂林:广西师范大学出版社,2009 年,第 11 页。

蔽但有力的暗示来定义现实世界"①。这就是波兹曼"媒介即隐喻"的演绎逻辑。很明显,波兹曼认为伊尼斯—麦克卢汉路线中把"世界"与"媒介"进行了"无缝对接"(以麦克卢汉的"媒介即信息"为例),但他并不认同这一点。他使用"隐喻"来强调媒介与现实的一种非直接联系。当然,我们看到他将麦克卢汉的"信息"(message)理解为"关于这个世界的明确具体的说明"并不准确,麦克卢汉并无此意,甚至麦克卢汉后期还基于语言游戏提出了更强调媒介对人内在影响的"媒介即按摩"("The medium is massage")。即便不考虑这一发展,我们也能看到麦克卢汉的"媒介即信息"处理的也不是"世界"与"媒介"的关系问题,而是媒介自身为何具有信息、具有何种信息等问题。波兹曼用自己的外向性研究框架来对麦克卢汉的"媒介即信息"进行加工,变成他所认为的"世界"与"媒介"问题中的表述,再加以批判。这正是波兹曼"媒介即隐喻"论立论存在的大问题。

2. 隐喻与审美

波兹曼的"媒介即隐喻"给"世界"与"媒介"的问题架起了一座具有明显审美色彩的桥梁。在波兹曼看来,从"世界"到"媒介"要通过媒介的隐喻机制来进行连接,即他所说的"一种隐蔽但有力的暗示"。事实上,这样"一种隐蔽但有力的暗示"如何会发生作用依赖媒介具有的审美性。比如,他所批判的电视娱乐化就是"一种隐蔽但有力的暗示"的结果,这种暗示之所以能够达成,恰恰因为电视图像本身具备的审美快感的实现。换句话说,虽然波兹曼谈到的是"暗示",但这一"暗示"的表面功夫却必不可少:表象一定要美丽、绚烂。这也是娱乐化的必然要求。所以我们看到,一方面娱乐化具有光鲜亮丽的外部,另一方面,波兹曼发现了其表象之下的"暗示"的内容。这也是他对娱乐化批判的内容之所在。问题是,娱乐文化的"外部"和暗示的"内部"之间既然是隐喻,那么对这一"隐喻"的内容就存在不同的理解,这是美学阐释的一般常识。在此基础上,波兹曼的"隐喻"论就不太牢靠。其危险在于,一旦大众无法发现其内在暗示内容与外部表象的矛盾,波兹曼对电视娱乐化的批判就会失去批判的基础。而且因为审美理解本身的多重性,波兹曼对于"隐喻"或"暗示"的理解也并不具

---

① Neil Postman.*Amusing Ourselves to Death*:*Public Discourse in the Age of Show Business*.Penguin (Non-Classics);20 Anv.2006.p.10.参见[美]尼尔·波兹曼:《娱乐至死 童年的消逝》,章艳、吴燕莛译,桂林:广西师范大学出版社,2009年,第11页。

有唯一性。所以一旦波兹曼将自己的娱乐化批判建筑在"隐喻"这一逻辑上,那么就不会非常牢靠,非常容易被"趣味无争论"等看法所消解。相比较之下,西方马克思主义对资本主义文化的批判因为深入生产机制,进而推演其文化生产机制,所以对当代文化的批判更加牢靠。

既然"媒介即隐喻"必然隐含不同的美学态度,那么认为波兹曼否定电视的看法必然是浅陋之见。因为波兹曼并不反对"电视"这一划时代的传播媒介和"看电视"这一大众行为。在《童年的消逝》中,他明确指出,"我并不是'批判'电视,我只不过是描述电视的各种局限以及这些局限会带来的后果。关键取决于我们如何理解这个改变文化的伟大媒介的本质"①。而且波兹曼还不止一次肯定了电视的积极作用,当然,这种肯定是实用性的、日常化的、表面的作用。而波兹曼对电视批判的最重要理由在于电视对我们思维的改变。与印刷术相比较,印刷术由于其自身的媒介特点,培养了理性、逻辑、线性的思维模式,而电视由于其自身的媒介特点,消解了理性、逻辑和线性思维方式。不仅波兹曼对电视这样的新媒介没有否定,甚至我们在伊尼斯和麦克卢汉那里也没有发现对某种新媒介的否定。当然,波兹曼通篇都严厉批判了电视带来的"电视思维":表象化、片段化、无理性。在他看来,这样的思维就是娱乐化思维。而娱乐化意味着一种反理性的危险。作为一位传统的理性主义思想者,这当然是不能容忍的。

然而,波兹曼没有明确指出的是,他的"娱乐化"其实是一种"图像化",而他的"图像化"又是一种"审美化"。在比较图像与印刷文字时,他说:"印刷文字要求读者对它的'真实内容'有积极的反应。人们也许不一定总是做出评价,但是,从理论上说,只要人们有足够的知识或经历,评价是能够做到的。但是,图画要求观画者有审美的反应。图画要求我们诉诸感情,而不是理智。它们要求我们去感觉,而不是思考"②。这一点被金惠敏研究员发现并进行了详细阐释。他认为,"波兹曼的'图像—娱乐化'就是鲍德里亚等人的'图像—审美化',但它有其自成体系的理论:第一,图像即感性,因而与真正的审美化或感官的娱乐化息

---

① Neil Postman.*The Disappearance of Childhood*.Vintage/Random House,1994.p.118.参见[美]尼尔·波兹曼:《娱乐至死　童年的消逝》,章艳、吴燕莛译,桂林:广西师范大学出版社,2009 年,第270 页。

② Neil Postman.*The Disappearance of Childhood*.Vintage/Random House,1994.p.73.参见[美]尼尔·波兹曼:《娱乐至死　童年的消逝》,章艳、吴燕莛译,桂林:广西师范大学出版社,2009 年,第230—231 页。

息相通;第二,图像即事物本身,它产生出来就不是为了'指示',而是为了'取代'事物;第三,图像即纯粹之'表象',它仅在'表象'层面作业,所关注的不是'再现'什么,而是如何使'再现'本身更符合视觉或形式美和感性、感官的需求。一句话,图像的后果就是真实在其中被悄然抹去的娱乐化和审美化,或合而言之即'审美—娱乐化'"①。这样,金惠敏教授就清理出了电视这一娱乐形式背后的美学逻辑。更进一步来看,波兹曼对电视的审美化批判可以成为"日常生活审美化"批判的一部分。其合理性在于,非"日常生活审美化"实际上指的是文字时代的审美状况。因为文字并不是一种大众的、通俗的、可以进行"日常生活审美"的媒介。所以在文字时代就不存在基于文字的"日常生活审美化"状况。我们知道,从印刷术时代到电视时代最大的变化就是从文字到图像的变化。金惠敏教授强调的是,图像即便不是审美本身,也是当代的主流审美方式。对大众文化表层化的审美结构而言,形式即内容。所以图像自然可以被认为是当代审美的内容。这就产生了"日常生活审美化"的可能。当然,波兹曼对于"日常生活审美化"并不支持,从他对电视娱乐化的批判态度就能看出这一点。他的审美趣味是保守的,只有文字性的、理性的、线性的审美活动才是他认为的真正的审美活动,电视文化所具有的绝不是典型审美活动,虽然它也具有一定的审美外观。就如他所说,"电视的思维方式和印刷术的思维方式是格格不入的;电视对话会助长语无伦次和无聊琐碎;'严肃的电视'这种表达方式是自相矛盾的;电视只有一种不变的声音——娱乐的声音"②,在波兹曼看来,电视绝没有他认为的审美内容,虽然我们发现娱乐化正在变为一种新的审美趣味。

二、认识、媒介与审美

1.认识的媒介问题

在《娱乐至死》中,波兹曼提出了"媒介即认识论"的看法,强调"任何认识论

---

① 金惠敏:《"图像—娱乐化"或"审美—娱乐化"——波兹曼社会"审美化"思想评论》,《外国文学》2010 年第 6 期。

② Neil Postman.*Amusing Ourselves to Death:Public Discourse in the Age of Show Business*.Penguin(Non-Classics);20 Anv.2006:80.参见[美]尼尔·波兹曼:《娱乐至死　童年的消逝》,章艳、吴燕莛译,桂林:广西师范大学出版社,2009 年,第 72 页。

都是某个媒介发展阶段的认识论",明确指出了人类认识活动受到媒介的左右。这一看法其实并无太大新意。我们可以从前文对伊尼斯和麦克卢汉的分析中发现相似的内容。只不过伊尼斯和麦克卢汉是顺着从媒介到认识的思路进行思考,而波兹曼是按照从认识到媒介的思路来进行思考。任何熟悉麦克卢汉的人都可以发现,麦克卢汉的"媒介即信息"就包含了媒介具有的认识论内容。我们前文也已经对"媒介即信息"进行了详细论述,这里不再赘述。但我们要指出的是,波兹曼这一思路的颠倒并不是无意义的,他的价值在于提出了媒介问题中的认识论线索,揭示了在西方传统认识论考察中忽略的"媒介"一极。我们知道,近代哲学的核心问题就是对"认识"问题的研究。然而无论是经验派的培根(Francis Bacon)、洛克(John Locke),抑或理性派的笛卡尔(René Descartes)、斯宾诺莎(Baruch de Spinoza)和莱布尼茨(Gottfried Wilhelm Leibniz)等,他们在对认识进行讨论的时候都没有涉及认识中的"媒介"问题。一般我们认为认识论哲学家们讨论认识问题有两大倾向:要么从外在素材入手,这是经验论者的道路;要么是从人的内在心理入手,这是理性派的道路。但是我们都知道,外在素材和内在心理之间应该有一个必然的联系。有些哲学家将其归于先天能力,有些归于灵魂,有些则归于上帝。在试图弥合经验派和理性派的德国哲学家中,康德最早指出了经验论和唯理论的片面性("思维无内容是空的,直观无概念是盲的"①),并试图把他们相结合,这就是他的"判断力"。"判断力"是一种从内向外的力量,按照康德所言,因为"判断力"具有桥梁的特殊性质,它既有自然性又有自由性,可以沟通认识与实践。在《判断力批判》中,康德又首先讨论了"审美判断力",因此才有了我们看到的美能沟通真与善的说法。然而,如果我们发现"媒介"含义具有沟通性,那么"判断力"也是一种"媒介"。所有的认识,无论是经验派的还是理性派的认识,都是基于主体和客体的分离,既然分离,就需要将其相统一,媒介就是将主体和客体相统一的"总概念"。无论是先天能力、灵魂、上帝或判断力,都是这个"总概念"下的具体解释。所以认识活动中总是隐藏着需要解决的"媒介"问题。波兹曼的媒介论虽然没有如康德那样深刻和严谨,但是他在认识的表面领域发现了认识活动展开的基础:媒介。因此,认识论的问题就变为媒介论的问题。

---

① ［德］康德:《纯粹理性批判》,邓晓芒译,北京:人民出版社,2004 年,第 52 页。

2. 媒介的审美问题

既然波兹曼从认识的角度来定位"媒介"。那么按照他的说法:任何认识论都是某一媒介阶段的认识论,我们同样可以说,任何审美都是某个媒介发展阶段的审美。虽然波兹曼并没有明确指出这一点,但我们有充分的理由如此相信。虽然我们知道,"认识"不同于"审美"。传统理性主义美学是严格区分"真"与"美",从理性传统的角度当然不能将"认识"和"审美"的不同判断相混淆。然而波兹曼的论断却并不是从理性主义的角度来审查,而是从媒介论的角度来论述的。基于此,我们也当然可以从媒介的角度来重新定位"认识"和"审美"的关系。我们认为,媒介既然可以影响某媒介阶段的认识活动,那么它也能影响某媒介阶段的审美活动。因为按照历史唯物主义的看法,人的实践活动是人类精神活动的总源头。"认识"与"审美"虽然有所差异,但他们都是人类实践的基本活动。既然这样,如果将媒介作为人类实践活动的必要要素,那么它必然参与到人类各阶段的实践中,并将十分深刻地规范人类各时期的文明状态。因此,无论何种主导媒介/技术的展开都参与到了我们的认识和审美活动中。媒介美学史的研究就将具有学术价值。

三、躲躲猫世界的审美变化

在《娱乐至死》第五章"躲躲猫的世界"中,波兹曼分析了电报和摄影术之后指出以下事实:

> 所有这些电子技术的合力迎来了一个崭新的世界——躲躲猫的世界,在这个世界里,一会儿这个,一会儿那个突然进入你的视线,然后又很快消失。这是一个没有连续性、没有意义的世界,一个不要求我们,也不允许我们做任何事的世界,一个像孩子们玩的躲躲猫游戏那样完全独立闭塞的世界。但和躲躲猫一样,也是其乐无穷的①。

---

① Neil Postman.*Amusing Ourselves to Death*:*Public Discourse in the Age of Show Business*.Penguin (Non-Classics);20 Anv.2006.p.77.参见[美]尼尔·波兹曼:《娱乐至死 童年的消逝》,章艳、吴燕莛译,桂林:广西师范大学出版社,2009年,第70页。

　　"躲躲猫"是波兹曼用来描述电视时代的文化特征时打的比方,它指的是对象组织的无序性以及对象存在状态的瞬间性。值得注意的是,这一看法其实麦克卢汉已经注意到了。然而波兹曼的进步在于,他指出了这一切是"其乐无穷"的,这其实更加切中当代审美状态的分析需求。伊尼斯和麦克卢汉都没有注意到,在媒介分析中应该引入人的欲望,他们仅仅基于媒介自身来分析其特征。当波兹曼引入人的欲望时,媒介的发展和样态就都不同了。它不再是一个奥威尔式的被动的、强迫的活动,而是赫胥黎式的主动的、愉快的活动。就如波兹曼所说的那样,我们将电视视为"首选的、最容易接近的老师,在他们中的很多人看来,电视也是它们最可靠的伙伴和朋友"①,因此我们主动去亲近它,与它进行展开交往活动,从它那里获得我们生存需要的各种信息。对"看电视"本身,波兹曼并无意见,并且他认为这是无法阻挡的潮流。他的担忧其实很简单:既然电视提供的信息对人如此重要,那该如何保证电视提供信息的真实性呢? 一旦电视的合理性被自身的偏向所带来的结果毁灭,那么人也将会被毁灭。遗憾的是,波兹曼的担忧正是电视活动的事实。正如波兹曼所揭示的那样。既然一切信息经由电视来进行传播,基于麦克卢汉揭示的媒介自身的特征对信息的影响,这些信息必然要发生变形,虽然信息本身已经是"真实"的抽象和变形。波兹曼其实强调的是在传播中信息所发生的这种"二次变形"。它的结果是所有信息都要变为适合电视媒介的信息形式。这也可以被视为信息的"形式化"过程。其结果就生成了"图像"的形式,在波兹曼这里,图像时代就是娱乐的时代。他的"娱乐时代"包含两个意思,"第一是指电视把生活的每个方面都转变成了娱乐的形式"②,"第二个意思跟第一个相关……电视事业是娱乐、表演,它抛弃抽象,把一切都变得具体化"③。这样的娱乐时代就是图像的时代。反之,图像的形式也就是娱乐的形式。正因为电视基于图像,目的是娱乐,所以波兹曼才指出电视会让

　　① Neil Postman.*Amusing Ourselves to Death*;*Public Discourse in the Age of Show Business*.Penguin (Non-Classics);20 Anv.2006.p.78.参见[美]尼尔·波兹曼:《娱乐至死　童年的消逝》,章艳、吴燕莛译,桂林:广西师范大学出版社,2009年,第71页。

　　② Neil Postman.*The Disappearance of Childhood*.Vintage/Random House,1994.p.115.参见[美]尼尔·波兹曼:《娱乐至死　童年的消逝》,章艳、吴燕莛译,桂林:广西师范大学出版社,2009年,第268页。

　　③ Neil Postman.*The Disappearance of Childhood*.Vintage/Random House,1994.p.117.参见[美]尼尔·波兹曼:《娱乐至死　童年的消逝》,章艳、吴燕莛译,桂林:广西师范大学出版社,2009年,第269页。

我们"娱乐至死"。

因此,基于电视文化的盛行,这一"躲躲猫世界"的审美趣味就将从印刷时期的间接性和整体性变为图像/娱乐时代的直接性和拼接性。我们前文已详细分析了伊尼斯和麦克卢汉所谈到的印刷时代的审美趣味,不再重复。下面我们以比较的方式谈谈图像/娱乐时代的审美趣味。

1. 间接性与直接性

印刷时代进行传播的媒介是文字,印刷只是将文字的流动加上了机械化的手段,使其生产更加便捷,流通成本更加低廉,进而促进了文字在整个文化和精神塑造中的核心地位。但是无论采用何种文字进行印刷,"文字"本身都是对现实世界的抽象。"文字"与"现实"是不同的两类体系,就如同柏拉图所说的现实世界和表现现实世界的艺术世界一样。接受者的目的不是理解文字本身,而是要从文字中解码出对其活动有意义的信息,这就需要接受者进行具体的内在理解和外在阐释活动。所以,印刷时代的审美活动若要指向对现实真理的把握,中间就需要进行一次跳跃,即从文字向文字之外的现实的跳跃,也就是需要把握"言外之意",一旦"得意"便可"忘言"。当然,如果审美活动指向语言或其他符号系统本身,那么就不需要产生这一飞跃,而只是对系统自身进行玩味。不过这种玩味抽出的还是文字之"外"的内容,而绝不是文字的书写结构自身。因此无论如何,印刷时代的审美活动都是外向性的,都具有间接性。而波兹曼所指出的新时代则不同,这是一个电报、摄影术和电视的时代。这个时代主流的传播媒介不再是文字,而是图像。图像和文字最大的差异不在于本身的形似,而在于其意义的生产方式。波兹曼明确指出,"大批量生产的图像改变了信息的形式:从散漫的到集中的,从提议式的到呈现式的,从理性的到感性的"①。图像的意义生产可以依靠视觉进行直接把握,而文字则不能。所以当图像制造技术突飞猛进,大量的图像进入到大众交流领域之后,大众对意义的把握就变得十分"懒惰",大众越来越依赖图像来获得意义。因为如上文所述,从文字获得意义需要一次跳跃,而图像不需要跳跃,它似乎就是它本身。这样,在我们对现实的认识中,图像就越来越成为理解的主流。然而图像也有其自身的致命问题:仅仅只有在接

---

① Neil Postman. *The Disappearance of Childhood*. Vintage/Random House, 1994. p.73. 参见[美]尼尔·波兹曼:《娱乐至死 童年的消逝》,章艳、吴燕莛译,桂林:广西师范大学出版社,2009年,第230页。

受者视野中的图像本身是无意义的，就如同词语"引用"一样，它单独出现并不能明晰自身的意义，必须有一个语境。当然，文字也要有语境，但是文字的语境是一个体系和结构，它可以限制文字的意义分叉，将其限制在一个合理的范围内。而图像是对现实的一个"截图"，所以它的体系和机构是"现实"，但是"现实"又是恰好需要解释的。所以，相比较一个本身体系化的文字系统，"现实"这一系统带来的图像的自明性更加模糊。更严重的问题在于，波兹曼指出图像的语境经常是一个"伪语境"，即根本和我们的生活没有关系的语境。图像带来的信息貌似和我们有关，其实毫无联系，这也是当代图像数量暴涨却仍然让我们感到"信息饥渴"的原因。因为脱离了我们自身的想象和联想，文字所具有的读者的切身感受被割除了。图像只靠我们的生理机能，看到的往往不是我们的切身感受。更严格地说，"看"这种生理活动必然不是我们的切身感受。虽然它"切身"，但它不是"感受"，而是生理的"反应"而已。基于此，图像的直接性把握方式就不再是一个所谓理解的"优势"，而是恰恰相反。既然生理快感淹没了应该进行的理解和阐释活动，个人被"生理反应"支配，那么图像就抑制了人的精神自由。电视的实质是图像，这正是波兹曼反对电视的根本原因。

2. 整体性与拼接性

"整体性"问题在媒介生态学美学中十分重要。我们在伊尼斯和麦克卢汉的理论中都对其进行了关注。波兹曼也从"整体性"角度对他认为的理想的审美状态加以阐释。印刷时代的审美整体性建筑在文字作品中必须依赖一个完整的机构来表达自己。无论是诗歌、小说、剧本乃至文字所写的历史、哲学等著作，都基于文字建构的整体性取向，进而产生内容上的完整性。更进一步地讲，文字的创建本来就不是一个单独字词的发明过程，而是一个话语系统的构建和完善。用一个结构主义的典型提法来谈文字，我们可以说，文字系统本身就是最具"互文性"的文本，故而印刷时代的审美规范往往都强调整体性，将整体之美视为美的应有之意。中外美学史中出现诸多对审美整体性的要求并不是个别理论家的个人趣味，而是基于文字审美的内在要求。然而图像则不同，图像之间没有类似文字的语法联系，图像与图像意义产生的语境之间也没有联系。以摄影术为例，图像的获得是通过成像技术对现实片段的捕捉，是对现实的一个瞬间的技术反应。这样的生产方式可以展示"现实切割者"独特的切割视角，也会赋予被切除出来的图像以意义。但问题是，这一切割活动切断了这一"图像"片段与整体现实中本来密切联系的其他因素的联系。一旦被切除出来的图像离开原有的语境被放入到新的交流语境中,在一个新的生活互联网中,各种新要素就要对被切割出来的图像发生作用。无论切割者愿不愿意,这一过程都会导致图像意义的失真。波兹曼所没有分析的电影更是如此。一秒 24 帧的画面都是拼接的极佳素材,那如何对这些图像进行拼接,电影理论史上一直有"蒙太奇"和"长镜头"这两种思路。前者强调拼接的技法,后者强调连续性,都认为自己才是电影的最佳语法。可惜无论哪一种,都不可能使图像回到其自身生产的生活世界中去,因为一旦出现图像的移动,就已经是失真了。因此波兹曼的担忧不无道理,当我们越来越喜欢电视,将电视上出现的图像视为真实,那将是一个巨大的误会。当然,由此自称为"艺术"的电视确实会有自己的叙事语法,它与文学等其他艺术具有不同的对真实性的表达技巧,因此其真实性问题也就更加复杂。不过无论如何,当图像失真,电视这样基于图像的艺术就不是可以完全信赖的了。

由此观之,波兹曼认为的电视具有娱乐性自然就顺理成章了——既然已经无法接近真实,那么就接近"人为",而所有的"人为"都有自己运动的目的。电视的目的就是收视率,一旦将收视率作为目的,那么下一步一定是节目的娱乐化。因为收视率是对大众数量的指标,而大多数人观看电视正是因为其视觉的轻松愉快。也就是说,图像化(视觉愉快)越彻底,就越有收视率。因此,严肃的内容往往被电视内容的编排者排斥在外,因为它不适合电视的图像化,亦即娱乐性要求。如果严肃的内容要进入电视,那么也必然需要进行图像化改造,变得娱乐起来。比如易中天在电视节目《百家讲坛》上讲"三国",就是严肃内容娱乐化的结果。作为历史学者的易中天与作为电视明星的易中天的根本差异在于,前者进行的是理性且严肃的,对大众来说十分琐细和无聊的历史"研究",而后者进行的是感性且愉快的,符合大众理解和审美期待的有趣的历史"表演"。对电视而言,后者才是符合电视本质的内容,而前者仅仅是素材。无论后者多么具有学术价值,而后者有任何学术错误,对电视而言,这是无关紧要的。当然,对观众而言也无关紧要。因为历史在大众眼中并没有一个"本来"的"真实"。

因此,波兹曼将电视等同于娱乐。而且他强调,娱乐化绝不是电视某一发展阶段的特征,也不是某一地区的电视台或某一个栏目策划人的趣味,而是电视的本质要求。波兹曼既明确指出了这一点,也明白无误地表达了自己对娱乐化的不满(需要时刻记得:他并不是不满"电视本身"),这就是他所说的"我们将毁于我们所热爱的东西"。言外之意,波兹曼并不认为我们所热爱的东西就具有合理性。他的这一看法揭示了人的理性和感性的矛盾。如果仅就电视而言,波兹曼既肯定了电视的合理性,同时又担忧大众会毁于电视娱乐。但从审美角度来看,他对电视的批判展示了当代审美的尴尬处境,即审美的形式愉快与审美的内容之间的明显分裂。下面我们来分析这一问题。

四、电视批判所揭示的当代审美问题

波兹曼对电视的分析揭示了当代审美活动的两个问题。第一个问题是将娱乐与审美相等同,审美被伪审美所排挤。第二个问题是审美形式与审美内容的分裂。

1. 娱乐与审美相等同——伪审美时代的出现

审美活动是令人愉快的。康德在《判断力批判》中对鉴赏判断(审美判断)进行界定时这样说:"鉴赏是通过不带任何利害的愉悦或不悦而对一个对象或一个表象方式作评判的能力。一个这样的愉悦的对象就叫作美"①。这句话包含两个意思。第一,美是令人愉快的。第二,这样的愉快来自我们对对象无利害的评判。我们往往将其简单归纳为:美是无功利的愉快。在传统的理解中,我们总是强调无功利之意,并不太注重对"愉快"的考察。然而波兹曼对电视带来的愉快进行了研究,他对电视的批判将"娱乐时代"的愉快与"审美"的关系问题引入到我们的视野。他认为电视基于图像,给大众带来了以往传播媒介所无法带来的巨大愉快,这样的巨大愉快往往会与审美带来的愉快相混淆。然而按照康德的理解,这样的愉快并不是无利害的愉快,并不是美的。相反,电视带来的愉快基于利害感。它的矛盾就在于既采用了一种图像展示方式,有要借助"纪实"的方式。这一方式绝不会"无利害",它正是要激起观众的利害感来获得共鸣。所以电视不美,但它是娱乐的,这就是电视时代的新情况,美与愉快的相分离。娱乐基于利害给人带来的愉快而非无利害就是娱乐与美不同之处,它使用了鉴赏判断的形式,却无鉴赏判断的内容。

将娱乐和审美相等同,就引发了当代审美的大颠覆。有文化学者将当代称

①　[德]康德:《判断力批判》,邓晓芒译,杨祖陶校,北京:人民出版社,2002年,第45页。

为"消费时代""娱乐时代",都不如将当代称为一个"伪审美的时代"。借用柏拉图的说法,这一时代到处是"美的东西",却毫无"美的本质"。柏拉图的原意是我们应该关注"美的本质",而非仅仅关注"美的东西"。然而,柏拉图失望了。今天我们更关注"美的东西"而非"美的本质"。"美的东西"依靠的是各种感觉。所以今天所谓的审美活动往往仅仅是各种感官的审美满足。比如城市中到处是美轮美奂的建筑、装饰、人工景观,乡村也不断被加以改造,到处是光鲜亮丽的"仿城市"建筑,哪怕是乡村种植的植物也被按照美的原则加以规范(比如"油菜花海"这样作为景观的农业)。除了视觉的愉快,"美的东西"还带来其他各种感官的愉快,比如对味觉愉快的肯定。流行文化中"吃货"成为一个褒义词,表达了对追求味觉愉快的人的赞赏。旅游则比较特殊,它设置的不是某一种感官的愉快,而是整体的感官愉快。旅游带来的既有与自身生存之地的疏离感,还有不同身体体验带来的刺激感。这种疏离感和刺激感带来一种虚伪的生命的丰富性。其虚伪性在于,似乎仅仅通过身体位置的移动就可以带来自身存在感的充盈。在农业社会,人祖祖辈辈在一个有限空间的生存,故而身体的移动会带来存在的充盈感,然而在一个基于流动的生产环境下,身体的自由移动会越来越多地带来漂泊感和无根感。所以可以期待的是,未来的旅游也将逐步改变今天这样的一种狂热状况。同时由于经济原因,旅游还带有"炫富"意味。总而言之,上述感性愉快都是来自"美的东西"的愉快,而非"美的本质"带来的愉快。"美的本质"带来的愉快是一种真正的美应该带给我们的愉快,它不能脱离上述感性活动,但它一定是要超越感官把握的表象,获得超越各种感官愉快的大快乐。当代审美活动的问题是,过多强调感官层面的愉快,忽视了真正的超越性的愉快,因此各种愉快也就仅仅是其表面的愉快,变为一种无深度的娱乐。但是人的真正的审美需求却是不可压抑的,所以我们拼命地制造"美的东西",希望可以获得真正的审美愉快。可惜南辕北辙,造成"伪审美时代"的审美"伪繁荣"。波兹曼谈到电视带给我们的过度娱乐化,就是对图像生产带来的审美"伪繁荣"的揭示。他没有看到的是,互联网文化将电视文化的娱乐性和审美"伪繁荣"推向更高更极端的地步。波兹曼在《娱乐至死》的第七章,谈到了"好……现在"这一句式。以此说明电视节目之间完全无联系的状况。互联网文化的内容编排更是如此,各个条目之间完全无联系。我们随便打开某著名门户网站,就可以看到这种情况。但是我们发现,在表面无直接联系的各个条目之中隐藏着一个编排条目的共同原则,那就是追求比电视收视率更直接,更残酷的"点击率",所以网站制造者在网站内容的选择上唯一的取向就是内容是否吸引人。对编造者而言,内容"本身"是不重要的,重要的是编排的内容"形式"是否能够刺激大众阅读的兴奋点。这就将新闻变为了心理学,这种心理学指向互联网文化最为核心的审美取向,即娱乐经济学的贯彻。它也完全就是审美娱乐化的表现。

2. 审美形式与审美内容的分裂

当代审美活动中另一个显著的现象是审美形式和审美内容的分裂,这也是当代审美"伪繁荣"的原因之所在。所谓审美形式和审美内容的分裂指的是娱乐化为主导的当代审美活动中,审美活动的内容本来是严肃的,并无感观层面的娱乐,然而在外在表现环节却必须符合娱乐化要求。这样的矛盾就形成了内容和形式的分裂,结果是双方的不协调,当代审美活动出现两难处境。这一处境表现为两种情况,第一种情况是审美内容不符合外在的审美形式,结果大众不认同这种审美活动,认为其不够有趣,不美。第二种情况是外在的审美形式不符合审美内容,结果是大众满意其娱乐化形式但却不符合一般的审美趣味,也就是我们说的审美趣味低下。这两种情况都使当代审美活动不令人满意。

按照波兹曼的看法,当代审美活动之所以会出现这样的分裂,主要是因为娱乐化主导了当代艺术和审美活动。当一切都要依靠娱乐化来展现和确立自己的时候,审美活动也不可幸免,进而出现了娱乐化要求和审美原则的矛盾。这一矛盾体现在审美活动本身,就是审美形式和审美内容的分裂。要解决这样的分裂问题,应该对审美活动的娱乐性加以限制。前文我们也已经将娱乐与审美相区别。审美中应具有娱乐性,但它不应是审美活动的全部,当代审美活动往往忽视了这一点,尤其是在大众流行艺术中这种情况就更为普遍。只有当我们注意到娱乐化在当代审美以及当代文化中的力量,并对其加以关注,波兹曼对电视的批判才能彰显出真正的价值。更进一步地讲,当我们思考技术进步与人类审美之间的关系,波兹曼的人文维度才能具有真正普遍意义。

第四节　童年、后现代技术与审美控制

本节将讨论四个问题。首先我们明确,童年问题是波兹曼媒介分析的牛刀

小试,其价值并不在于结论本身,而在于其超越童年问题的媒介生态学意义。本节的第二部分将回顾波兹曼所述导致童年消逝的媒介因素,但我们认为童年的消逝与其说是媒介转变的后果,不如说是后现代技术所促成的后现代审美对现代审美规范颠覆的结果。第三个问题将讨论后现代技术与审美主体的关系。由于后现代技术与商业利益的合谋,才使刺激性技术得以大发展。后现代技术不断加大对审美主体的刺激,希望获得审美主体的关注。但结果恰恰相反,刺激性技术的大发展导致了审美疲倦。第四个问题是技术与审美控制之间的关系,我们认为当代技术,尤其是电子技术作为审美活动的必需,应该摆脱单纯的作为刺激物的工具身份,成为审美塑造的主动性的积极要素。

一、波兹曼童年问题的媒介生态学意义

波兹曼在《童年的消逝》一书的"序言"中,指出了全书的价值和内容:

> 本书的主要贡献不在于断言童年正在消失,而在于提供了一个解释这种现象何以发生的理论。因此,本书分两部分。第一部分主要表述'童年'这个概念的起源;具体地说,就是童年起初不需要存在,而后却发展成不可避免地存在,它们各自的传播条件是什么。第二部分将我们置身于现代时空,企图揭示从谷登堡(Gutenberg)的印刷世界转换到塞缪尔·莫尔斯(Samuel Morse)的电报密码世界,这个过程使童年作为一个社会结构已经难以为继,并且实际上已经没有意义。①

看来,波兹曼自己十分清楚他的研究并不在于给出一个关于"童年"问题的确定答案,他的研究价值在于从传播和媒介角度对童年问题进行了研究,即从"传播条件"和媒介转变的角度对"童年"问题进行分析。他在全书的第一部分讨论童年现象的传播问题,是对传播理论的典范应用。第二部分是第一部分的延伸,相比第一部分,波兹曼在此显示出作为伊尼斯—麦克卢汉道路继承者的坚

---

① Neil Postman. *The Disappearance of Childhood*. Vintage/Random House, 1994. pp. xii - xiii. 参见[美]尼尔·波兹曼:《娱乐至死 童年的消逝》,章艳、吴燕莛译,桂林:广西师范大学出版社,2009年,第163页。

定立场。他通过对不同媒介环境的考察,发现"童年"在当代媒介生态环境下已经不能继续存在。全书结构清晰,问题明确,观点鲜明且具有震撼力。

波兹曼的研究者往往关注波兹曼提出的"童年"问题本身,支持或反驳波兹曼"童年已经消逝"这一论点,其研究视野自觉或不自觉地超出了传播和媒介研究范围,扩展到了教育学、心理学和社会学等各个学科领域。但少有人注意到从媒介生态学传统来看,《童年的消逝》这部作品实质上是媒介生态学分析社会文化现象的一个典范案例。该书对我们的启发绝非"童年是否消逝"的问题,更在于波兹曼在该书中明确和贯彻了媒介生态学的分析方法。因此我们可以说《童年的消逝》是《娱乐至死》的延伸。在《娱乐至死》中反复出现的,继承于伊尼斯和麦克卢汉的媒介理论被波兹曼用来分析"童年"问题。其实麦克卢汉在其著作中也曾经提到过儿童的问题,可惜仅仅一笔带过,波兹曼则"小题大做",写出了洋洋洒洒的一部专著,奠定了他在媒介生态学派中的地位。

但是,《童年的消逝》的意义还不仅于此。对波兹曼而言,"童年"问题只是一个标靶,我们可以发现其丰富的言外之意。其中最明显的是已被大多数研究者们所关注的波兹曼媒介理论具有的人文关怀维度。除此之外,我们认为波兹曼对童年问题的分析还包括下述更重要的问题:从童年的消逝导致的从媒介问题到技术问题的漂移;后现代技术语境下主体与自然的关系;后现代技术与审美主体的控制。下面我们详细讨论。

二、童年、媒介与技术

1.童年消逝的媒介因素

我们先回顾一下波兹曼对童年消逝的媒介因素的论述。在《童年的消逝》中,波兹曼非常明显地将童年消逝的原因归结为媒介条件的变化。由于文字的出现,童年的概念在古希腊罗马时期就已经存在。但是中世纪情况发生了变化,波兹曼认为,"没有识字文化,没有教育的观念,没有羞耻的观念,这些都是中世纪童年不存在的原因所在"[1]。接着,由于印刷术的出现,阅读能力成为区分成

---

[1]　Neil Postman.*The Disappearance of Childhood*.Vintage/Random House,1994.p.17.参见[美]尼尔·波兹曼:《娱乐至死　童年的消逝》,章艳、吴燕莛译,桂林:广西师范大学出版社,2009年,第179页。

人和儿童的重要指标。换句话说,印刷术又重新确立了"童年"的概念。接着到了电视时代,电视摧毁了印刷术的"信息等级制度",在信息活动中,人人平等。用波兹曼的话说,就是"人们是在看电视。人们不阅读电视。人们也不会去听电视。重要的是看。这对成人和儿童、知识分子和劳动者、傻子和智者都没什么两样"①。他还指出,"看电视不仅不需要任何技能,而且也不开发任何技能……与书籍不同,电视图像人人都能看,人人都可看,无论年龄大小"②。因此波兹曼总结道:"电视侵蚀了童年和成年的分界线",他总结了三个方面:"第一,因为理解电视的形式不需要任何训练;第二,因为无论对头脑还是行为,电视都没有复杂的要求;第三,因为电视不能分离观众"③。这就是电视导致童年消逝的第一个原因,即电视不能保留秘密。接着,波兹曼又谈到了电子媒体(包含但不仅是电视)"迅速、平等地揭示了成人世界的全部内容"④,导致了羞耻感的丧失,接着是行为举止方面开始发生变化,进而是信息变得无法控制。波兹曼在讨论了上述内容之后,指出这样的结果是产生"成人化的儿童"。这样的儿童是"一个在知识和情感能力上还没有完全发育成熟的成年人,尤其在特征上跟儿童没有显著区别"⑤。他们之所以会出现,是因为媒介发生了变化。波兹曼专门谈到了探讨这一问题最合适的是从政治角度切入,他明确指出,"在电视时代,政治判断从对提议的知识评判转化为对整个人物形象的直观而清晰化的反应……电视重新定义了'正确的政治判断',它把政治判断从一个逻辑判断变成了一个审美

---

① Neil Postman.*The Disappearance of Childhood*.Vintage/Random House,1994.p.78.参见[美]尼尔·波兹曼:《娱乐至死　童年的消逝》,章艳、吴燕莛译,桂林:广西师范大学出版社,2009年,第235页。

② Neil Postman.*The Disappearance of Childhood*.Vintage/Random House,1994.p.79.参见[美]尼尔·波兹曼:《娱乐至死　童年的消逝》,章艳、吴燕莛译,桂林:广西师范大学出版社,2009年,第236页。

③ Neil Postman.*The Disappearance of Childhood*.Vintage/Random House,1994.p.80.参见[美]尼尔·波兹曼:《娱乐至死　童年的消逝》,章艳、吴燕莛译,桂林:广西师范大学出版社,2009年,第237页。

④ Neil Postman.*The Disappearance of Childhood*.Vintage/Random House,1994.p.85.参见[美]尼尔·波兹曼:《娱乐至死　童年的消逝》,章艳、吴燕莛译,桂林:广西师范大学出版社,2009年,第242页。

⑤ Neil Postman.*The Disappearance of Childhood*.Vintage/Random House,1994.p.99.参见[美]尼尔·波兹曼:《娱乐至死　童年的消逝》,章艳、吴燕莛译,桂林:广西师范大学出版社,2009年,第254页。

判断"①。他在这里所说的"审美判断"就是我们上文提到的一切图像化之后的必然结果。图像审美逻辑并不在其内容,而在其外在形式是否符合大众的感官愉快。感性直观的形式主宰了一切,内在的逻辑、理性的判断并不重要,这也是波兹曼批判娱乐化的最重要的原因。波兹曼接着专门举了电视新闻节目来佐证他的论断。电视新闻节目具有"美感、速度和不连续性"等形式特征,美感指的是电视新闻节目主持人的外在形式要符合大众审美要求。速度是指播放新闻节目的时间要求,"在一个典型的 30 分钟的节目里,一般会播出 15 到 20 个'故事'……平均每 60 秒钟一个新闻故事"②。这样的播放速度就导致了两个结果,首先是让观众难以思考一个新闻故事,其次也让观众难以去感受一个故事。而且更可怕的是,这样的编排形式使我们被电视催眠。因为电视新闻节目的事件从发生此事件的具体时空中被抽离出来,用拼贴的方式结合在一起,形成一个伪装的整体。波兹曼认为,这是"由于信息流通而产生的兴奋,而不是新闻本身的意义"③。这样的拼贴也就是波兹曼所说的不连续性。他说,"电视新闻节目出奇地不真实、缺乏连贯性,几乎已经到了任何事情之间都没有关系的地步"④。总之,电视新闻节目是一种娱乐,是虚幻、拼贴的故事而已。电视广告也一样,波兹曼认为,电视新闻节目影响了大众的政治判断,而电视广告则影响了大众的消费观和宗教观。首先,电视广告激发人们的无理性消费的欲望。其次,电视广告具有明显的宗教性。波兹曼认为,并不是所有广告都有宗教的内容,但是"大多数重要的电视商业广告采用寓言的形式,以一个清楚表达的神学思想为中心。像一切宗教寓言一样,它们提出罪恶的感念,暗示赎罪的方法,然后预示天堂显

---

① Neil Postman.*The Disappearance of Childhood*.Vintage/Random House,1994.p.101.参见[美]尼尔·波兹曼:《娱乐至死　童年的消逝》,章艳、吴燕莛译,桂林:广西师范大学出版社,2009 年,第255 页。

② Neil Postman.*The Disappearance of Childhood*.Vintage/Random House,1994.p.104.参见[美]尼尔·波兹曼:《娱乐至死　童年的消逝》,章艳、吴燕莛译,桂林:广西师范大学出版社,2009 年,第258 页。

③ Neil Postman.*The Disappearance of Childhood*.Vintage/Random House,1994.p.105.参见[美]尼尔·波兹曼:《娱乐至死　童年的消逝》,章艳、吴燕莛译,桂林:广西师范大学出版社,2009 年,第259 页。

④ Neil Postman.*The Disappearance of Childhood*.Vintage/Random House,1994.p.106.参见[美]尼尔·波兹曼:《娱乐至死　童年的消逝》,章艳、吴燕莛译,桂林:广西师范大学出版社,2009 年,第259 页。

圣的远景"①。波兹曼十分深刻地分析了"衣领上的汗圈"和"口臭之人的寓言"这两则广告,指出了其内在的广告神学逻辑,提出了"技术无知"以及解决问题的方法。这一方法包含两点内容,第一是接受比你高明的人的建议和批评,第二是按照别人的忠告行动。总而言之就是听从技术/上帝的安排。

至此,我们回顾了波兹曼对童年消逝的媒介因素的分析。他认为童年的消亡的主要原因就是"电视"这一新兴媒介的崛起。那么我们可以说,电视的社会文化影响不仅导致了童年的消逝,而且也将导致类似于"童年"的其他文化要素的变化。童年消逝的原因也可以类推到其他类似"童年"的文化要素上。因为根据波兹曼,童年是一个基于传播技术兴起确立的概念及事实,既然传播技术发生了根本变化(文字传播到图像传播),那么基于旧的传播技术的童年也将发生变化。因此凡是基于旧的传播技术的文化要素,在新的传播技术的颠覆下都将发生或剧烈或隐蔽的变化。波兹曼只不过是发现了"童年"这一典型案例罢了。我们也可以发现在新的传播技术下,"成人"也在消失,"家庭"也在消失,"食物"也在消失。就如同马歇尔·伯曼(Marshall Berman)所言:一切坚固的东西都烟消云散了。或者我们可以这样引申:一切随现代性所兴起的,都将随着现代性的逝去而消逝。那么是什么造成现代性的逝去呢?虽然从现代到后现代的转变是一个持续的历程,其持续性甚至延续向未来。然而不可忽视的是,技术发展在这一历程中扮演了十分重要的推动要素。我之所以会这样判断,是因为我发现技术在从现代性到后现代性转变中分裂了自身。这就是技术的现代性和后现代性问题。

2. 技术的现代性和后现代性

之所以提出技术的现代性和后现代性问题,是因为我们发现技术并不是一个独立的领域,它应该也必须从文化角度加以考察。而当代文化呈现现代性与后现代性的混杂状态。一般而言,技术问题的讨论往往按照时间顺序进行。刘易斯·芒福德(Lewis Mumford)在其经典著作《技术与文明》中将技术史分为准备阶段、初生代阶段、古生代阶段和新生代阶段。虽然芒福德的贡献在于从文明

① Neil Postman.*The Disappearance of Childhood*.Vintage/Random House,1994.p.109.参见[美]尼尔·波兹曼:《娱乐至死 童年的消逝》,章艳、吴燕莛译,桂林:广西师范大学出版社,2009 年,第262 页。

历程来审视技术发展,尤其侧重技术对人精神领域的影响,但我们注意到他对技术的讨论还是基本基于时间线索。然而,当代技术问题的复杂性在于,仅仅从较为明确的时间节点来观察技术往往会忽视技术跨越时间的复杂性。众所周知,当代文化呈现出的是现代性和后现代性的混杂状态。如同麦克卢汉所说的那样,媒介/技术要考察其在整个文化中的位置很困难,新的媒介/技术往往包含有旧的媒介/技术。所以从文化角度考察技术,会发现现代性技术和后现代性技术并没有一个十分清晰的分界线。

　　但是我们还是需要讨论技术的现代性、后现代性的问题。我们可以将这个问题分为两种情况。第一种情况是,虽然技术问题在时间上没有明确的界限,但是技术却有现代性和后现代性之分,即有些技术及其应用具有现代性性质,而有些技术及其应用具有后现代品格。广播就是典型的现代性技术产品。在现代组织机构的动员、宣传和信息的单方面播放方面,广播显示出其明显的现代性品格,这体现在广播具有的集中化、集权化、单向性、强制性等特征,麦克卢汉就曾举希特勒使用广播赢得大选的案例来说明广播的威力。因为听觉和视觉不同,前者是容易被进行强迫性接收,后者则具有较多的自由度。通俗的说,眼睛可以由我们自己的头部运动来选择观看的角度,甚至可以闭上眼睛。而耳朵则不行,它无法选择听觉的范围,也无法关闭自身。所以广播,尤其是高音喇叭就带有与生俱来的强制性,在大规模的现代化活动,比如游行、罢工、集会、战争、劳动密集型生产等被广泛运用。与广播不同,它的后续产品——耳机则是典型的后现代技术产品,耳机具有明显的后现代审美品格:分散性、私密性、个人化等特征。也就是说,它的使用不再建立在对大规模人群的组织和规范活动中,而是适用于个人的私密活动。广播是一对多,耳机是一对一的活动。它依靠占据听者的耳朵建立了一个私人空间,这一空间与广播建立的公共空间截然不同。因此我们已注意到,广播往往与政治等公共事务联系密切,而耳机则与娱乐等个人事务密切联系。声音传播机器的不同形式确立了人与人之间的现代性和后现代性的关系。

　　现在来看第二种情况,因为当代文化领域现代性状态与后现代状态的相互混杂,当代技术产品也出现了现代性要求与后现代要求的混合。手机就是一个典型的范例。今天的手机已经明确呈现出现代性与后现代性混杂的特征。早期手机的功能仅仅是打电话,即采用一种通信技术使不在一地的双方进行语音交流。这时候的手机是典型的现代化技术产品,它的通话功能是一种典型的现代性功能。借助通信技术,手机实际上可以组织信息、构建网络、产生组织结构、区分不同社会生产层次等,这些是整个现代性建构的一部分。但随着手机从通信工具逐步变为个人移动数据终端,各种新应用不断出现,它逐步开始倾向于打破现代性功能的狭隘,扩大自己的文化意义,成为一种后现代技术产品。什么是后现代技术?我的意思是某种技术具有一种分散的、平面化的、无中心的、反崇高等后现代特性,现在的手机就是这样一种后现代技术。比如手机普遍附带的上网硬件使其可以移动上网,这样就让每一个移动手机用户成为移动的信息生产者。与以往仅仅作为信息的传播者不同,生产者在整个文化中扮演着完全不同的角色。所谓"自媒体"恰当地表达了移动传播主体在媒介生态圈中的重要作用。

因此,基于文化领域现代性与后现代的混合,技术产品已经非常明显地出现从现代性向后现代性的发展趋势。除了我们所列举的手机之外,生产领域的智能化机器人也在蓬勃发展,近几年来基于"大数据"技术的各种技术产品也在不断涌现。这些新技术产品的出现既是技术自身的进步,更重要的是呈现出文化对技术的反作用,即后现代文化将反作用于当代技术创新。同时这也就意味着,技术创新是否能被一个文化体所接受,不仅取决于技术自身的可行性,更需要考虑某一文化体的文化状态是否与技术的应用成果相匹配。以计算机软件为例,数量极为庞大的各种计算机应用软件之所以出现,既是由于技术自身的创新冲动(更快、更丰富、更全面的内在要求,比如腾讯 QQ 的版本升级),但更重要的是因为它们符合了当代文化需求。比如微信和陌陌等通讯软件,它们的出现正是基于当下文化环境中个人日益强烈的孤独感和疏离感。作为对这种孤独感和疏离感的弥补,功能不断强大的通信软件才能蓬勃发展。

三、后现代技术、生产与自然

波兹曼在《童年的消逝》中讨论了阅读能力的生成和消失,在《娱乐至死》的第四章又明确指出印刷术对思想的塑造作用,其一以贯之的主线是将阅读和文字传播作为成年人的标准。因此波兹曼实际上将童年与阅读相对,将娱乐与文字相对。对娱乐和童年的批判就引出对阅读和文字文化的思考。但对我们而言,绝不应止步于波兹曼已经指出的童年消逝的媒介变化,而应该更进一步去探讨这一媒介变化的当代现象。上文已述,当代技术基于文化的混杂性出现了从现代性向后现代性的转变。因此,波兹曼所说的媒介变化的后果在今天的典型代表就是我们所说的后现代技术。在今天对后现代技术的讨论也可以来分析各种文化现象的"消逝"。从当代艺术和审美角度来看,后现代技术所带来的是对审美主体的"摆弄"。我用"摆弄"这个词汇来描述后现代技术与审美主体之间的关系,意在强调后现代技术对个体审美结构的主宰特征。因为后现代技术基于后现代文化所具有的"飘忽不定"的内涵,所以后现代技术对主体也是一种无立场、无内容、形式感强烈的操控。这种操控所引发的问题以当代生产与自然的关系问题最具有代表性。

1. 后现代技术与自然

从生产层面对主体远离"自然"的现状进行批判,批评者往往会指出我们和自然之间的天然联系被我们的现代化生产所阻隔,并对此大加鞭挞。无论是哲学界、美学界、艺术界还是其他各种维护传统的保守主义者,往往都对我们在自然之中的诗意生产抱有莫名的敬意,对现代化大生产抱有莫名的敌意。我并不这样认为。因为现代化生产其实并不值得有太多的惊讶和厌恶,现代化的生产本身就意味着从自然生产中的抽离。可以比较现代化的养鸡场和农家鸡舍。前者是从后者抽离出来所有实用的要素,并加以规范化、扩大化进而极端化。同时,前者的生产效率也远远超过后者。正因为有着现代化的养鸡场,才给各快餐巨头提供了物美价廉的鸡肉制品,消费者才能够获得低廉的快餐食品。所以虽然对现代化养殖的批评一直不绝于耳,但它却不可避免地成为食品工业所能选择的唯一生产方式。以此推之,生产中自然的消逝并不那么令人不可接受——我们现在就在这一个状态中,而且当代生产也绝不会再回到贴合自然的生产。我认为,回归自然的各种主张的价值并不在于将我们重新置入一个"原初的自然",而在于美学层面上的考虑:我们的情感是否如自然呈现给我们的那样朴素自然。因此批判"人工自然"与肯定"原初自然"并不是一回事。很多人将此二者混为一谈,似乎批判"人工自然"就一定会肯定"原初自然",波兹曼就明确区分了二者。他虽然批判了"人工的世界",但他并不批判远离自然。在《娱乐至死》中波兹曼比较了奥威尔的《1984》和赫胥黎的《美丽新世界》。前者描述的集权统治就是一个极端的"人工的世界",波兹曼对其批判是立足于它的精神极权导致的压抑。而后者所描述的世界同样也是一个"人工的世界",波兹曼对其也进行了批判,只不过批判的内容不是极权问题,而是其娱乐性。从始至终,波兹曼从来没有因为对"人工的世界"的批判而陷入对纯粹"原初自然"的崇拜。

既然已经远离自然,我们要再造一个"自然",技术就是我们再造的手段。但现代技术与后现代技术再造的手段不同。现代技术再造自然,它将再造的是一个表面形式与自然截然不同的世界,钢铁机器就是现代技术的典范代表。它们拥有与自然明显不同的外在表象,增加了和自然之间的紧张关系,引起了诸多艺术家的批判。这种怪兽外形的机器非常容易引发主体的压抑感,因此成为现代文化对个体压迫的表征。比如卓别林电影《摩登时代》中出现的钢铁巨兽。后现代技术再造自然,它将再造的是一个仿真的自然,它的制造更隐蔽,尤其是在制造物的外表,其塑造原则是接近自然的。不仅如此,它还超越了自然,发生了波德里亚在评价图像时所说的"内爆"。后现代技术的自然超越了"原初自然",成为比原来的自然更加真实的自然。我们喜欢上了这种自然就如同我们在视觉审美中喜欢上超高清的图像那样,这是一种令人上瘾的过程。更清晰和更自然成为一种内在的动力,无论表达什么。"更高清"本身就成为了图像存在的价值,不断高清的图像就成为后现代技术的典型产物。后现代技术的另一个硬件代表是超大规模集成电路。虽然其实质是纳米级的机器,但其表面形态更加"自然",符合小巧、灵活、色彩、匀称均衡等形式美要求。正因为后现代技术所隐藏的野蛮力量被这样的形式美所掩盖,我们往往对后现代技术放松了警惕。波兹曼认为对我们而言,真正的威胁不是表面的极权,而是内在的娱乐化。那么我们可以说,波兹曼的当代价值就在于这样的启示:对我们真正的威胁不是现代技术,而是后现代技术。后现代技术对我们的威胁不仅在于技术共有的塑造性,更在于它具有极强的隐蔽性,正如波兹曼所说,可怕的是我们喜欢上了这种摆布。流行音乐、肥皂剧、流行小说等当代大众艺术就是后现代技术塑造大众的文化表征,这也就意味着无所不在的后现代技术及其各种产品在文化领域照样能找到如此之多的"代言人"。我们喜欢上了这些娱乐,波兹曼看到了这样的我们心甘情愿地"娱乐至死",如同各种食品,我们知道其不利于健康,但是因为其美味所以我们喜欢吃它。同理,当美成为一种文化佐料,这种文化虽然可能不利于健康,但我们会因为美而喜欢它,所以波兹曼的批判实际上是一种审美批判。

2. 后现代技术的进步

问题是,后现代技术对我们的威胁必然会使我们"娱乐至死"吗? 莱文森(Paul Levinson)在其《新新媒介》中分析了各种"新新"媒介,包括博客、维基百科、"第二人生"、聚友网、脸谱网、播客网、掘客网、优视网和推特网等。他所说的"新新媒介"有以下特点。第一,每一位消费者都是生产者。第二,你无法冒充非专业人士。第三,你能挑选适合自己的媒介。第四,你得到不必付钱的服务。第五,新新媒介既互相竞争,又互相促进。第六,新新媒介的服务功能胜过搜索引擎和电子邮件①。从莱文森的分析来看,他并不认为这样的新新媒介会导致"娱乐至死",相反,他在发现这些新新媒介问题的同时,肯定了这些新新媒介的价值。我们因此也可以认为,虽然我们上文承认后现代技术隐含着现代性技术的暴力性,它比现代性技术更具有隐蔽性,但基于后现代技术的生产要优于现代技术下的生产。后现代技术生产中的人与自然的关系也要优于现代技术条件下人与自然的关系。

首先,后现代技术的生产优于现代技术下的生产。后现代技术的生产从生产方式上看,没有现代性生产那样的赤裸裸的压迫感。工人从钢铁机器的压迫中解脱出来,与各种更加人性化和轻松的机器打交道。比如各种新兴电子产品的生产就不同于传统机器制品的生产。从生产的产品看,后现代技术的产品更加有利于人际交流,如莱文森所说,更加能够服务人的需要。从生产的人来看,后现代技术的生产更多依赖生产者的智力而非体力,减轻了劳动者的体力劳动负担。比如富士康集团的生产就是典型的现代化生产,它依赖劳动者的体力,并不需要劳动者理解电子生产方面的理论内容。而微软的生产就是后现代生产,它不需要劳动者在体力上进行投入,而是需要劳动者具备电子理论方面的知识,所以后现代生产也是一种知识型的生产。激发人的智力的知识型生产更加贴近人的本质。当代电脑程序设计员往往自嘲为"码农",但相比较其前辈们所进行的农业劳动,他们的劳动显然更能发挥人的本质力量,虽然在肉体上未必更加愉快。

其次,从人与自然的关系来看,后现代技术生产所创造的人与自然的关系也要优于现代技术生产。现代技术生产所造成的人与自然的关系往往是紧张的,

①　[美]保罗·莱文森:《新新媒介》,何道宽译,上海:复旦大学出版社,2013年,第1—2页。

因为它过于功利地对自然进行加工以符合我们抽象的生产需求。这种技术理性的急功近利已经受到长达几个世纪的批评,不足为奇。上文我们虽然指出现代性技术生产有其合理性,但那是相比较前现代生产而言。因为后现代生产造成的人与自然的关系比现代性生产所造成的人与自然的关系更加令人"放松",这是由后现代技术的特征所决定的。现代技术具有集中化、集权化、单向性、强制性等特征,而后现代技术则具有分散性、私密性、个人化等特征。具体到对待自然,现代技术粗暴地处置自然,而后现代技术则试图建立一种与自然相和谐的关系。比如后现代技术的生产十分注重对自然的关照。在各种新技术中,环保要素往往被设计者考虑到技术之内。虽然后现代技术也是在重建自然,但是它的重建要更像自然。然而很多批评者既反对一个机器的世界,也反对一个"伪自然"的世界,这在我看来是不切实际的。后现代技术重建的这个自然就是我们可以看到的最佳的自然。我们生存的世界也就是这样一个被后现代技术所生产的自然,而不会是"原初自然",这是当代生产的必然结果。这一历程就如同上文谈到现代型生产不可避免一样。虽然可能有些悲观,但是毕竟后现代技术下的生产相对现代性生产要更加符合我们的精神需要。

总之,我并不否定后现代技术会导致我们对自然的疏离,但我想要强调的是,它自身的进步性和存在价值。尤其是相对于现代产品,后现代产品更能给失去自然的人以更多的精神慰藉。

四、技术垄断:"注意"的媒介美学批评

众所周知,"注意"/"被注意"已经成为当下一切文化活动的内在要求。"注意"本来是一个生理行为,或者更进一步,它同时也是一个心理行为。原初的"注意"应该是一个自然而然的过程:对象刺激我们的形式感,进而使我们获得对其的注意。然而在当代文化境况下,"注意"活动已经从个人的生理性和心理性行为中被抽取出来,成为具有超常力量的文化现象。因为"文化"本意味着人工活动,"注意"成为"文化"是因为我们看到它受到诸多人为因素的刻意控制。既然当代的"注意"并不是一个自然而然的过程,而是一个被"摆弄"的结果,那么考察这样的人为控制就离不开对其审美要素的关照。因为无论文化主体如何摆弄"注意",总得符合"注意"最基本的规定,即形式化要求。因此比起自然的

注意,被控制的"注意"更需要符合审美规范。更进一步,审美在当代往往成为影响购物活动的核心要素,因此基于审美认同的"注意"活动也就成为今日销售成败与否的关键因素,这种基于注意力的商业活动往往被称为"注意力经济"。"注意力"成为后现代技术最重要的作用对象。

1. 后现代技术与注意

技术正在再造自然,后现代技术更是给我们制造出一个比"原初自然"更逼真的自然。因此当代人的"注意"更容易被后现代技术产品所吸引。以对电视的注意为例。当拥挤的大都市摧毁了田园,它不再给我们提供一个可以注意的自然,我们只能注意城市自身,在这种注意中城市的审美趣味崛起了。进一步,城市景观中自然被摧毁,我们就只能关注各种人工制品和人造景观。当我们试图反抗,不再关注城市的人工制品和人造景观,或者说对人工制品和人造景观感到厌烦,就不得不将目光返回室内。室内也是一片人工景观,其中电视那跳动的画面就成为吸引注意的最佳对象。这既是一个生理性筛选的结果,也是一个文化筛选的结果。从生理上看,人眼筛选对象时会对运动的事物有更多关注,"变化"被认为更值得注意。从文化上看,电视节目被视为再造的自然,它取代了原本的自然界成为我们注意的对象。它的内容似乎包罗万象,而且它的目标也是包罗万象,并极力让自己变得"看"起来更丰富和有趣。这样一来,电视成为"注意"的对象显然是不可避免了,尤其对无阅读能力和阅读兴趣的家庭主妇或退休人士而言。然而也就是当我们通过电子屏幕注意一朵美丽的花的照片,注意到一部电影、注意到漂亮的手机,却不再注意自然,甚至也对欣赏自然无能为力的时候,自然也就离我们远去了。我们越是擅长捕捉电视图像,能从中获得逼真的乐趣,就越远离图像的源泉——自然。对电视的文化批判大多基于此。

当然我反复强调的是,我们再也不能回到贴近自然的生产,而只能被置入后现代技术条件下进行生产。无论我们多么迷恋"原初自然",生产语境下的自然早已被摧毁殆尽。虽然"自然界"或许还存在一些自然风景,但这与生产话语中的自然不同。波兹曼对当代技术问题使用了"技术垄断"一词,意在表明当代技术对整个文化的垄断地位,他说的技术也就是我这里所说的后现代技术。或者退一步,现代技术造成的是表面的垄断,而后现代技术造成的是事实上的垄断。

2. 对"注意"的媒介批评

"注意"活动是胡塞尔所说的"意向性"活动。这一"意向性"活动与"沉思"

不同,它必然指向对象。因为注意活动并不是我们自身的感悟,而是要指向外在对象,并且这一指向需要假借他者来进行。这个他者就是媒介。因此"注意"有两个层面,第一是意识层面的活动,第二是物理层面的活动。人一旦开始进行"注意"活动,内在的意识向外投射,外在的物理层面则依赖媒介的运动。后者塑造了注意的结果,而且这种塑造的动因不外在于媒介本身,而就在于媒介自身所具有的特性。这就是伊尼斯和麦克卢汉告诉我们的媒介偏向。从美学角度看,伊尼斯和麦克卢汉的媒介美学道路是一条关注媒介自身审美的道路。如果遵循他们的指引讨论"注意"活动中的媒介问题,需要讨论的就不是"注意"的媒介塑造这一事实,而是今天的新媒介审美特征如何塑造注意活动。那就是说,必须对当代新媒介的审美特征进行考察。然而波兹曼并没有走伊尼斯和麦克卢汉的道路,他是从媒介的文化视角对媒介作用进行关照。我们首先从伊尼斯和麦克卢汉的道路进行考察,再从波兹曼的道路进行讨论。

首先,伊尼斯和麦克卢汉的方法着重对媒介自身的考察。基于此,我们看看当代新媒介自身的审美特征。我所说的新媒介是指相对于前电子时代的媒介而言的电子媒介,它始于电子时代肇始之初,而非莱文森(Paul Levinson)的"新新"媒介。这样的新媒介是现代性技术与后现代技术混杂的结果,故而展现给我们与现代性媒介不同的审美要求。在本书的第一章和第二章,我们分别分析了伊尼斯对印刷术的讨论和麦克卢汉对电子媒介的讨论。在此,我们指出伊尼斯和麦克卢汉对新媒介的最重要的一点共识:媒介的整体性特征。前电子时代的媒介是对整体性的维护,电子时代的媒介则是对整体性的打断。具体对人的"注意"活动而言,人的"注意"具有"意识流"的特征,是一个完整的心理活动。在前电子时代,"注意"的这一整体性被印刷术和文字等媒介所维护,所以我们可以获得一个完整的印象。但是电子媒介并不支持这一整体性的维护,反而如我们所发现的那样,它造成人的注意的片段性。

这种情况之所以可能,最根本的原因在于电子媒介是基于电子技术的成果,而电子技术的运算和传播基于光速。麦克卢汉对电子媒介的力量进行了充分的讨论,我们也在第二章中对电子技术的审美内容进行了分析。比如我们上文所谈到的远远超过人眼分辨率的"高清"屏幕。这样的电子媒介完全可以打破原本完整的"注意"流程,将我们的"注意"变为分散的片段,使之不能变为一个整体。

其次,从波兹曼的角度进行讨论。波兹曼关注媒介的文化和人文价值,他超越媒介的具体内容对媒介整体进行讨论。比如从文化角度对电视的分析和对童年问题的考察。在他看来,基于电子媒介的"注意"的结果必然是对其自身的消解。因为在后现代生产中,当代传播的商业化要求导致技术手段与商业利益相结合,对人"注意"之流的"唤醒"成为后现代技术的首要任务:要达到消费者对自己的注意,就要将其从其他的注意中"唤醒"。这一唤醒行为就是打断原来注意的过程,结果就是波兹曼看到的依赖"注意"整体性的阅读和童年塑造无法完成。注意从集中变为分散,但问题其实还不仅于此。这一转变更使人从一个连续的关注体变为一个分散的片段的关注体,导致对个人时间的不断切割,产生尤西林教授在其《心体与时间》中所指出的现代性时间悖论①。另外,各种后现代技术产品之间也在争夺我们的注意力,注意力被这些媒介产品不断分散,结果是对任何一种媒介都无法专注。这就是后现代技术对个体注意力的否定。因此在一个手机盛行的时代却提出"放下手机,不做低头族"的主张也就具有了合理性。

总而言之,后现代技术造就了我们今日的"注意"活动,同时也将其推入覆灭。

---

① 参见尤西林教授的《心体与时间——二十世纪中国美学与现代性》第四章对现代性阅读的分析。尤西林:《心体与时间——二十世纪中国美学与现代性》,北京:人民出版社,2009年,第91—103页。

结　语

一、原媒介、感知媒介和跨媒介审美取向的内容

本书将媒介生态学美学分为原媒介审美取向、感知媒介审美取向和跨媒介审美取向,并分别进行了讨论,以下是对各部分的总结。

(一)原媒介审美取向

此章伊始,我们对原媒介审美取向进行讨论,指出其内涵,认为原媒介审美取向的代表人物是伊尼斯。接着通过对伊尼斯媒介理论的分析来明确原媒介审美取向的内涵。对伊尼斯媒介美学的探讨共分四部分。首先,我们讨论伊尼斯的媒介观点,提炼出伊尼斯媒介理论的核心内容。其次,通过对伊尼斯媒介分段的研究,我们具体分析了他所指出的四个阶段媒介具有的审美趣味。再次,我们探讨伊尼斯所说的时空媒介的不同审美偏向。最后,揭示了伊尼斯媒介美学的平衡主题。

第二章第二节从三个问题着手探讨伊尼斯的媒介观。第一个问题我们讨论伊尼斯媒介研究的方法论,指出伊尼斯研究具有"马克思主义味道"。第二个问题讨论伊尼斯媒介研究的分期和逻辑问题。关于伊尼斯媒介研究的分期问题,我们认为伊尼斯确实存在表面上的研究学科的位移,即麦克卢汉的前期和后期的区分依然是一个可以接受的概念。但是值得强调和补充的是,伊尼斯的研究宗旨并没有发生根本变化。他一直关注的是影响文明和文化的因素。伊尼斯媒介研究的内在逻辑是从有形之物到无形之物、从物质层面到精神层面,即从物质的、有形的大宗商品(铁路、皮货和鳕鱼)研究开始,到精神的、无形的传播媒介(口语/书面语),再到空间时间与文明的关系。他的媒介研究呈现出对人类整体发展历史的宏阔关照。第三个问题是总结伊尼斯媒介理论的基本内容。首先

是媒介和文明的关系,其中包括传播媒介的变革与文明形态的关系和当代传播媒介导致的问题。对于前者,伊尼斯认为,传播媒介并不仅仅是一种文明的"附带品",它本身就构成了文明发展的重要维度。他依据媒介来对文明进行分期,涉及历史上出现的大多数"帝国"。对于后者,伊尼斯认为西方文明问题在于它源自印刷技术的肤浅。显然,印刷技术本身也有偏向,它是强调空间而忽略时间的,这导致时间偏向和空间偏向的不平衡。在伊尼斯看来,一个文明要健康发展,必须将空间偏向与时间偏向进行平衡。所以他推崇能够将空间偏向和时间偏向进行平衡的希腊文明。其次是媒介的偏向,伊尼斯将传播媒介分为两类:偏重于时间的媒介和偏重于空间的媒介,并分析了这两大类媒介的偏向。

第二章第三节讨论传播媒介与审美趣味变迁。伊尼斯将媒介分为四个阶段:口语阶段、文字阶段、印刷阶段和广播阶段,我们分别讨论了这四个阶段的审美趣味。口语阶段的审美趣味包括两点内容:其一,口头传统激发审美个性;其二,口头传统激发人的综合审美能力。文字阶段的审美趣味包括两点:其一,文字传统虽然教口头传统更有利于逻辑思考和表述,刺激罗马成文法和罗马帝国的发展,但其重逻辑轻感觉的倾向特别明显,文字传统因此隐藏了对审美的内在否定;其二,文字传统开始使我们的审美偏向视觉器官。印刷阶段的审美趣味也包括两点:其一,印刷技术的规范化操作带来的标准化审美;其二,印刷术对大众的呼唤带来了审美趋同性。伊尼斯对广播也进行了讨论,他将广播视为集中化力量;其一,是广播带来的审美幻觉;其二,是广播带来审美的娱乐化。

第二章第四节讨论了传播媒介的时空审美偏向。分为空间媒介和时间媒介两类分别讨论。首先分析了空间媒介的审美效果,我们在归纳了伊尼斯"空间媒介"的内涵后指出,空间媒介的流行意味着对当下感觉的崇拜,即"专注于当下的执着"。其次讨论了"时间媒介"的审美偏向,同样,我们先归纳了伊尼斯"时间媒介"的内涵,然后指出时间媒介对当下感觉的超越特征。

第二章第五节讨论伊尼斯媒介理论中隐藏的平衡之美。首先我们注意到伊尼斯十分关注文明平衡的问题,他多次强调现代西方文明的缺陷就在于其不平衡。接着我们从美学的角度回顾了"平衡"作为审美理想在中西方源远流长的历史,再接着指出了伊尼斯的平衡之美:基于传播媒介的互动,显示出各媒介自身在文明中的恰当位置。反过来,从文明整体来看,能够为文明提供整体性的个体就是美的。

(二)感知媒介审美取向

此章开始,我们对感知媒介审美取向进行讨论,指出其内涵,认为感知媒介审美取向的代表人物是麦克卢汉。通过分析麦克卢汉的媒介理论来明确感知媒介审美取向的基本内涵。文中对麦克卢汉的媒介美学讨论分为四节内容。第三章第一节是对麦克卢汉研究的回顾,第三章第二节讨论麦克卢汉著名的"媒介即信息"的美学意味,第三章第三节讨论麦克卢汉"地球村"的四重内涵,第三章第四节讨论热媒介与冷媒介问题。

第三章第一节回顾麦克卢汉热与国内的研究状况。首先我们指出国际麦克卢汉研究出现的三次热潮,接着讨论了国内麦克卢汉的研究状况。并且指出研究麦克卢汉媒介理论的美学内涵其可能性在于:其一,与伊尼斯从经济学视野切入媒介研究不同,麦克卢汉正是从文学批评切入媒介分析的。其二,国内以金惠敏研究员为代表的一批学者已经注意到麦克卢汉的文学和审美价值,并发表了一系列成果。

第三章第二节我们分析了"媒介即信息"所具有的美学意味。首先我们分析了"媒介即信息"的内涵。其一,麦克卢汉的媒介即技术。其二,"媒介即信息"是从文化层面进行考察的结果,而非对具体某一媒介、某次媒介交流行为的描述。其三,任何媒介即信息,无论是整体性的电力技术,还是分裂性的机械技术。其四,麦克卢汉在对"媒介即信息"的解释中将"任何媒介"视为"人的任何延伸","我们的任何一种延伸"又被视为"任何一种新的技术"。这就是麦克卢汉媒介论中反复出现,且引发大量批评的媒介、延伸、技术同一论。其五,麦克卢汉的"媒介即信息"是他所谓媒介"对个人和社会的任何影响",也就是他说的产生"新的尺度"(new scale)。我们详细分析了麦克卢汉提出的这一"新的尺度"。基于"媒介即信息"的上述内涵,我们延伸出其所隐含的审美性。包括以下几点内容:其一,麦克卢汉的"媒介即信息"命题中包含了媒介、延伸和技术的同一,因此对技术美学的讨论颇有启发。其二,"媒介即信息"包含对"形式"的强调,因此麦克卢汉的"媒介即信息"还具有形式美学的内涵。其三,"媒介即信息"还涉及审美平衡问题。其四,麦克卢汉解释"媒介即信息"时,将媒介/延伸/技术最终起作用的原因归结于其对我们感官比率和感知模式的改变。从审美角度来看,感官比率和感知模式属于审美感知问题。其五,"媒介即信息"还隐含着人与技术的新的审美关系。其六,我们还可以从中发现麦克卢汉提出的艺术的免疫作用与艺术创作的审美化策略。

　　第三章第三节讨论了麦克卢汉"地球村"的四重内涵。首先,"地球村"具有时空内涵,麦克卢汉的"地球村"最直接和明显的内涵是电力技术造成的时空压缩、全球一体的状态以及由此状态引发的后果。其次,"地球村"具有媒介内涵。麦克卢汉认为"地球村"的特征就是"原因和效果的即时互动",这是"地球村"在媒介层面的核心内涵。再次,"地球村"在思维层面强调了整体思维与共时思维。最后,"地球村"具有丰富的美学内涵,其在感官、感觉和情感内容等方面显示出丰富的审美性。此处我们详细讨论了感官的电子膨胀、感觉的电子化、"地球村"中的情感模式等问题。

　　第三章第四节讨论"热媒介"与"冷媒介"的审美趣味。首先我们归纳了麦克卢汉所指出的热媒介和冷媒介的内涵:其一,从清晰度的角度看,"热媒介"和"冷媒介"是一个相对的概念。其二,从参与度来看。热媒介要求的参与度比较低,因为它提供的信息多;冷媒介要求受众积极参与,因为它提供的信息少。其三,从对人的关系来看。热媒介具有排斥性,冷媒介具有包容性。其四,从媒介对社会的作用来看。大量机械的、整齐划一的重复使用的冷媒介通过人的参与,对传统的结构会有"分割肢解"的作用。麦克卢汉没有明确的是,热媒介虽然不需要人的参与,但它也会"分割肢解"文化整体。其五,媒介/延伸/技术的冷热将影响文化的冷热。其六,冷热媒介还涉及幽默、游戏和玩笑。其七,热媒介和冷媒介与人的感官相联系。接着我们分析了热媒介和冷媒介的审美趣味:其一,热媒介具有高清晰度和低参与度,因此对主体而言并不需要调动诸多感官参与,其趣味是被动的,不明显的。相反,冷媒介具有低清晰度和高参与度,因此对主体而言就必须调动诸多感官参与,其趣味是主动的,明显的。其二,热媒介和冷媒介还具有排斥性和包容性的差异。从审美趣味来看,这是一个分割的趣味和整体性趣味的差异。其三,热媒介和冷媒介都对社会具有"分割肢解"的作用。因此麦克卢汉实际上指出无论是热媒介还是冷媒介都将具有对传统的颠覆性。从审美趣味来看,媒介的这种颠覆性伴随着就是新媒介的感官趣味对传统趣味的颠覆性。其四,文化冷热变化中的审美趣味。其五,幽默、游戏和玩笑的审美趣味。其六,最后也是最典型的是,麦克卢汉一直强调的热媒介和冷媒介所具有的感觉(sense)性。

（三）跨媒介审美取向

此章我们首先对跨媒介审美取向进行界定,接着以波兹曼为例进行分析。内容分为三小节。第四章第二节我们先对波兹曼在媒介生态学的身份进行讨论,接着总述波兹曼媒介美学的特点。第四章第三节我们分析了波兹曼对电视娱乐化进行批判所包含的审美批评。第四章第四节讨论波兹曼"童年消逝"问题带来的有关后现代技术的问题。

第四章第二节讨论波兹曼的身份问题及其媒介美学的特点。首先,我们认为波兹曼应该被认为是媒介生态学学术传统的一部分,而非相反。其次,我们指出,波兹曼不仅是在学科建制上对媒介生态学作出了贡献,而且他继承但有别于伊尼斯—麦克卢汉道路,将其推进到媒介理论可以大展拳脚的文化研究领域,给文化研究带来了深刻的媒介审美维度,这就是波兹曼的审美史价值。

第四章第三节讨论波兹曼基于电视娱乐化批判的审美批评,分为四点内容:第一,我们讨论了媒介、隐喻与审美的内在联系。波兹曼认为"媒介即隐喻",我们则从隐喻中发现其中的审美价值。第二,分析认识、媒介与审美的联系,我们指出了认识的媒介问题和媒介的审美问题。第三,分析了"躲躲猫世界"的审美变化。我们认为,基于电视文化的盛行,"躲躲猫世界"的审美趣味就将从印刷时期的间接性和整体性变为图像/娱乐时代的直接性和拼接性。第四,分析波兹曼的电视批判所揭示的两个美学问题。第一个问题是将娱乐与审美相等同,审美被伪审美所排挤。第二个问题是审美形式与审美内容的分裂。

第四章第四节讨论童年、后现代技术与审美控制的问题。首先,对波兹曼而言,"童年"问题只是一个标靶,我们发现其丰富的言外之意。其中最明显的是已被大多数研究者们所关注的波兹曼媒介理论具有的人文关怀维度。除此之外,我们认为波兹曼对童年问题的分析还包括下述更重要的问题:由童年的消逝导致的从媒介问题到技术问题的漂移;后现代技术语境下主体与自然的关系;"注意"的媒介批评等。其次,我们分析了童年、媒介与技术的关系,包括对童年消逝的媒介因素的考察以及对技术进行了现代性和后现代性的区分。再次,我们讨论了后现代技术、生产与自然的问题,先讨论"生产"层面上后现代技术造成的人与自然的关系,然后讨论后现代技术相对现代技术所具有的进步。最后是对"注意"问题进行媒介美学批评。我们指出,"注意"问题与后现代技术相关,后现代技术造成了我们今日的"注意"活动,同时也将其推入覆灭。

二、原媒介、感知媒介与跨媒介审美取向的统一

我们注意到,原媒介、感知媒介和跨媒介层面的美学考察确实有其各自的特点。首先,原媒介审美取向揭示了媒介自身对审美活动的价值,这体现在伊尼斯四个传播阶段的审美趣味、媒介的审美偏向和媒介平衡的美学讨论。其次,感知媒介审美取向揭示了媒介对人感知的影响,进而发生的审美变化。体现在麦克卢汉对媒介即信息、地球村和冷热媒介的审美内涵的讨论。再次,跨媒介审美取向倾向于揭示媒介与其他文化要素之间的关联中表现的审美价值,这体现在波兹曼的媒介美学中。他的讨论涉及认识和隐喻,我们从他那里发现了媒介、认识、隐喻和审美之间的联合关系,更明显的是他从对电视媒介的分析发展出对电视文化的批判。波兹曼在童年问题的讨论中还涉及后现代技术问题。

虽然如此,但是原媒介、感知媒介和跨媒介美学却具有内在的整体性。在传播学中,我们基于他们对媒介和技术的重视而获得媒介生态学学派的整体特征。在美学中我们同样可以发现,无论是原媒介、感知媒介还是跨媒介的美学讨论都具有共同的理论基础,即关注媒介(技术)、人(文化)的审美问题。具体来说,原媒介审美取向侧重讨论媒介(技术)自身的审美内涵,感知媒介审美取向侧重讨论媒介(技术)在人(文化)层面所发生的审美问题,跨媒介审美取向则侧重文化(人)面对媒介(技术)产生的审美问题。如下表所示:

媒介生态学美学取向	侧重要素	研究内容	思考路径
原媒介审美取向	媒介(技术)	媒介自身的审美内涵	媒介(技术)⇨审美
感知媒介审美取向	人(文化)	借由感知的媒介审美内涵	人(文化)媒介(技术)⇨审美
跨媒介审美取向	文化(人)	借由文化的媒介审美内涵	媒介(技术)文化(人)⇨审美

如上所示,我们可以清晰地看到,与经验学派和批判学派的审美取向不同,媒介生态学美学牢牢地抓住了媒介(技术)和人(文化)与审美活动的内在相关性,呈现出浓郁地审美趣味。这也是我们对媒介生态学进行美学研究的独特价值所在。

参考文献

英文专著：

［1］ Donna J. Haraway. *Simians, Cyborgs, and Women: The Reinvention of Nature*, Routledge.1991.

［2］Harold A.Innis.*The Bias of Communication(Second Edition)*.Toronto：University of Toronto Press,2008.

［3］Janine Marchessault.*Marshall McLuhan：Cosmic Media*,London：Sage, 2005.

［4］ Marshall McLuhan. *The Gutenberg Galaxy: the making of typographic man*. Toronto：University of Toronto Press, 2011.

［5］Marshall McLuhan. *Understanding Media：The Extensions of Man(critical edition)*. Corte Madera：Gingko press, 2003.

［6］Marshall McLuhan.*The Mechanical Bride：Folklore of Industrial Man*, New York：The Vanguard Press, 1951

［7］ Marshall McLuhan. *Essential McLuhan*. eds. E. McLuhan & F. Zingrone, London：Routledge, 1995.

［8］Marshall McLuhan, Quentin Fiore and Jerome Agel.*The Medium is the Massage*, New York：Bantam, 1967.

［9］Neil Postman.*The Disappearance of Childhood*. Vintage/Random House,1994.

［10］Neil Postman.*Amusing Ourselves to Death：Public Discourse in the Age of Show Business*. Penguin(Non-Classics) ;20 Anv.2006.

英文论文：

［1］ Edmund Carpenter and Marshall McLuhan ,"Acoustic space." eds.*Explorations in Communication：An Anthology.*Boston：Beacon Press, 1960.

［2］Lance Strate."Understanding MEA." In *Medias Res* 1(1), Fall 1999.

［3］Marshall McLuhan, "At the Moment of Sputnik the Planet Became a Global Theater in Which There Are No Spectators But Only Actors," *Marshall McLuhan Unbound*(05), ed.Eric McLuhan & W.Terrence Gordon, Corte Madera, CA:Gingko Press, 2005.

中文专著:

［1］［美］林文刚:《媒介环境学:思想沿革与多维视野》,何道宽译,北京:北大出版社,2007 年。

［2］金惠敏:《媒介的后果——文学终结点上的批判理论》,北京:人民出版社,2005 年。

［3］尤西林:《心体与时间——二十世纪中国美学与现代性》,北京:人民出版社,2009 年。

［4］［加］哈罗德·伊尼斯:《传播的偏向》,何道宽译,北京:中国人民大学出版社,2003 年。

［5］［加］哈罗德·伊尼斯:《帝国与传播(中文修订版·英文双语版)》,何道宽译,北京:中国传媒大学出版社,2013 年。

［6］［美］伊丽莎白·爱森斯坦:《作为变革动因的印刷机——早期近代欧洲的传播与文化变革》,何道宽译,北京:北京大学出版社,2010 年。

［7］［加］马歇尔·麦克卢汉:《理解媒介——论人的延伸(增订评注本)》,何道宽译,南京:译林出版社,2011 年。

［8］［加］马歇尔·麦克卢汉:《机器新娘——工业人的民俗》,何道宽译,北京:中国人民大学出版社,2004 年。

［9］［加］马歇尔·麦克卢汉:《谷登堡星汉璀璨——印刷文明的诞生》,.杨晨光译,北京:北京理工大学出版社,2014 年。

［10］［美］尼尔·波兹曼:《娱乐至死　童年的消逝》,章艳、吴燕莛译,桂林:广西师范大学出版社,2009 年。

［11］［美］保罗·莱文森:《新新媒介》,何道宽译,上海:复旦大学出版社,2013 年。

［12］李明伟:《知媒者生存——媒介环境学纵论》,北京:北京大学出版社,2010 年。

［13］汤文辉:《媒介与文明——哈罗德·伊尼斯的现代西方文明批判》,桂林:广西师范大学出版社,2013 年。

［14］张咏华:《媒介分析:传播技术神话的解读》,上海:复旦大学出版社,2002 年。

［15］吴国盛:《科学的历程(第二版)》,北京:北大出版社,2013 年。

［16］北京大学哲学系外国哲学史教研室编:《西方哲学原著选读》,北京:商务印书馆,2002 年。

［17］［美］丹尼尔·杰·切特罗姆:《传播媒介与美国人的思想:从莫尔斯到麦克卢汉》,曹静生、黄艾禾译,北京:中国广播电视出版社,1991 年。

［18］老子:《老子今注今译》,陈鼓应译著,北京:商务印书馆,2003 年。

［19］［法］居伊·德波:《景观社会》,王昭凤译,南京:南京大学出版社,2006 年。

［20］［美］M.H.艾布拉姆斯:《镜与灯——浪漫主义文论及批评传统》,郦稚牛、张照进、童

庆生译,王宁校,北京:北京大学出版社,2004 年。

　　[21][德]康德:《纯粹理性批判》,邓晓芒译,北京:人民出版社,2004 年。

　　[22][德]康德:《判断力批判》,邓晓芒译,杨祖陶校,北京:人民出版社,2002 年。

　　[23]刘悦笛、李修建:《中国当代美学研究(1949—2009)》,北京:中国社会科学出版社,2011 年。

　　[24]邵培仁:《传播学导论》,杭州:浙江大学出版社,1999 年。

　　[25]姚鹤鸣:《传播美学导论》,北京:北京广播学院出版社,2001 年。

中文论文:

　　[1]金惠敏:《"图像—娱乐化"或"审美—娱乐化"——波兹曼社会"审美化"思想评论》,《外国文学》2010 年第 6 期。

　　[2]金惠敏:《主持人语》,《江西社会科学》2012 年第 6 期。

　　[3]金惠敏:《"媒介即信息"与庄子的技术观——为纪念麦克卢汉百年诞辰而作》,《江西社会科学》2012 年第 6 期。

　　[4]金惠敏:《感性整体与反思整体——麦克卢汉、海德格尔与维科的互文阐释》,《南华大学学报(社会科学版)》2014 年第 6 期。

　　[5]金惠敏:《"麦克卢汉:媒介与美学"专题主持人语》,《文艺理论研究》2015 年第 1 期。

　　[6]金惠敏:《技术与感性——在麦克卢汉、海森伯和庄子之间的互文性阐释》,《文艺理论研究》2015 年第 1 期。

　　[7][美]兰斯·斯特拉特文、胡菊兰:《媒介生态学与麦克卢汉的遗赠》,《江西社会科学》2012 年第 6 期。

　　[8][加]彼特·牟瓦、多梅尼可·谢弗尔-杜南:《媒体研究的诗学之源:量化研究的初步解释(英文)》,《文艺理论研究》2015 年第 1 期。

　　[9][意]艾琳娜·兰博迪:《从后视镜中看麦克卢汉的媒体研究——凹镜、螺线与人文训练(英文)》,《文艺理论研究》2015 年第 1 期。

　　[10]何道宽:《麦克卢汉的遗产——超越现代思维定势的后现代思维》,《深圳大学学报(人文社会科学版)》1999 年第 4 期。

　　[11]何道宽:《媒介即文化——麦克卢汉媒介理论批评》,《现代传播—北京广播学院学报》2000 年第 6 期。

　　[12]何道宽:《媒介革命与学习革命——麦克卢汉媒介理论批评》,《深圳大学学报(人文社会科学版)》2000 年第 5 期。

　　[13]何道宽:《加拿大传播学派的双星:伊尼斯与麦克卢汉》,《深圳大学学报(人文社会科学版)》2002 年第 5 期。

　　[14]李西建、张春娟:《消费时代的价值期待——从〈娱乐至死〉看媒介生态学的人文理论面向及其未来》,《江西社会科学》2012 年第 6 期。

　　[15]张进:《论麦克卢汉的媒介生态学思想》,《江西社会科学》2012 年第 6 期。

[16]金吾伦:《关于跨学科研究的哲学思考》,《哲学动态》1992年第9期。

[17]金吾伦、王维:《关于人文—社会科学与自然科学相统合的问题》,《理论视野》2001年第5期。

[18]吴国盛:《技术与人文》,《北京社会科学》2001年第2期。

[19]吴国盛:《科学与人文》,《中国社会科学》2001年第4期。

[20]吴国盛:《让科学回归人文》,《博览群书》2003年第11期。

[21]何志钧:《理解媒介生态学》,《南华大学学报(社会科学版)》2014年第6期。

[22]刘玲华:《麦克卢汉媒介观的美学审视——以〈理解媒介〉为中心》,《南华大学学报(社会科学版)》2014年第6期。

[23]陈海:《媒介技术的美学维度》,《南华大学学报(社会科学版)》2014年第6期。

[24]易晓明:《艺术感知与技术感知的交合——论麦克卢汉的电媒感知与现代主义的艺术感知》,《文艺理论研究》2015年第1期。

[25]周岩:《中国大陆传播学交叉学科研究的回顾与前瞻》,《东南传播》2009年第7期。

[26]陈卫星:《麦克卢汉的传播思想》,《新闻与传播研究》1997年第4期。

[27]王怡红:《"忧虑的时代"与不忧虑的麦克卢汉》,《国际新闻界》1997年第1期。

[28]殷晓蓉:《麦克卢汉对美国传播学的冲击及其现代文化意义》,《复旦学报(社会科学版)》1999年第2期。

[29]殷晓蓉:《网络时代:麦克卢汉何以东山再起?》,《新闻大学》2003年第4期。

[30]张咏华:《新形势下对麦克卢汉媒介理论的再认识》,《现代传播—北京广播学院学报》2000年第1期。

[31]纪莉:《论麦克卢汉传播观念的"技术乌托邦主义"——理解麦克卢汉的新视角》,《新闻与传播研究》2003年第1期。

[32]陈力丹:《试论传播学方法论的三个学派》,《新闻与传播研究》2005年第2期。

[33]吕尚彬:《广告是人的意识的延伸——对麦克卢汉广告观的解读》,《武汉大学学报(人文科学版)》2004年第1期。

[34]杨伯溆、李凌凌:《艺术的视角——理解麦克卢汉》,《现代传播》2001年第6期。

[35]王凤栖:《社会学视野下的麦克卢汉媒介观》,《青年记者》2013年第6期。

[36]李岗:《"媒介即讯息"与沃尔夫假说》,《西南民族大学学报(人文社科版)》2004年第1期。

[37]张丽霞:《尼尔·波兹曼技术批判思想的哲学前提》,《前沿》2013年第15期。

博士论文:

[1]陈晓洁:《媒介环境学视阈下文学与媒介之关系研究》,山东大学学位论文,2012年。

[2]周利荣:《传播媒介发展与文学文体演变研究》,陕西师范大学学位论文,2012年。

[3]史习斌:《〈新月〉月刊研究》,华中师范大学学位论文,2010年。

[4]徐萍:《从晚清至民初:媒介环境中的文学变革》,山东师范大学学位论文,2011年。

[5]黄若涛:《绘本书的传播功能研究》,中国传媒大学学位论文,2006 年。

[6]代云红:《中国文学人类学基本问题研究》,华东师范大学学位论文,2010 年。

[7]向淑君:《敞开与遮蔽》,武汉大学学位论文,2009 年。

[8]夏德元:《电子媒介人的崛起》,复旦大学学位论文,2011 年。

[9]张冠文:《互联网交往形态的演化》,山东大学学位论文,2013 年。

[10]曾海芳:《美国报业的数字化发展研究》,上海大学学位论文,2011 年。

[11]李晓虎:《中国政府新闻发布制度研究》,复旦大学学位论文,2007 年。

[12]李琦:《多原媒介环境下的我国儿童电视节目研究》,华东师范大学学位论文,2012 年。

[13]陈雪:《从断裂到弥合——山江纯苗区口传教育的现代转型研究》,西南大学学位论文,2010 年。

[14]李涯:《电子媒介传播与嘉绒"达尔尕"口承教育的变迁研究》,西南大学学位论文,2011 年。

[15]范龙:《媒介的直观——论麦克卢汉传播学研究的现象学方法》,华中科技大学学位论文,2007 年。

网络文献:

[1]胡翌霖:《从技术哲学出发解读媒介环境学(博士论文开题计划)》,http://yilinhut.com/2012/02/16/3872.html,2012-2-16。

[2]何道宽:《媒介环境学派的理论命题、源流与阐释——媒介环境学评论之五》,http://chinamediaresearch.cn/article.php? id=5802,2008-07-30.

报纸:

[1]金惠敏:《作为一个美学概念的"地球村"》,《社会科学报》2014 年 10 月 23 日。

[2]张涵:《当代传播美学建构略议》,《光明日报》2005 年 8 月 23 日。

后　记

　　柏拉图认为作家需要"神灵附体"才能创作出好作品,拙著虽非佳作,但其完成也同样非我一人之功。首先要感谢我的博士生导师中国社会科学院金惠敏研究员(2019年后调任四川大学教授)。他不仅开辟了媒介生态学的美学研究道路,而且耐心引导我在此道路前行。同样要感谢陕西师范大学畅广元教授、尤西林教授、陈越副教授、李西建教授,西北大学谷鹏飞教授,北京师范大学赵勇教授,兰州大学张进教授,中南大学欧阳友权教授,深圳大学何道宽教授,中国社会科学院陈定家教授,中国人民大学陈奇佳教授,美国加州州立大学刘军教授,西安文理学院唐健君教授,等等。他们为完善本书提供了十分宝贵的意见和建议。特别感谢陈越先生和唐健君先生。他们在本书的讨论过程花费了大量心力,令我获益匪浅。

　　感谢我的父亲陈忙礼先生和母亲汪彩霞女士长期以来对我的照顾。尤其感谢我的爱人周艳艳女士。她不但要完成自己的工作,还要照顾两名幼子,操持繁重的家务。因为她的付出本书才能如期问世。

　　本书得到西北大学"繁荣发展计划"学术著作出版资助项目的支持,人民出版社的洪琼先生为本书出版付出了大量心血,在此一并致谢。

陈　海

2024年3月18日于西安